SPHINX

Das Buch

Mit dieser Einführung finden Sie Zugang zum zeitlosen Wissen, welches im I Ging verborgen liegt. Nach einer kurzen einleitenden Darstellung der Geschichte des I Ging folgt eine leichtverständliche Anleitung zur Befragung des Orakels mithilfe dreier Münzen sowie eine Erläuterung zur Interpretation der 64 Hexagramme. Der Autor legt großen Wert darauf, daß sich der Leser seiner Motivation und seiner Haltung gegenüber dem Orakel bewußt ist. Er betont, daß keine besonderen psychischen Kräfte zur Befragung vonnöten sind, ein Ritual bei der Befragung als Konzentrationshilfe dienen kann und daß egoistische Motive die Klarheit des Orakels vermindern.

Der Autor

Tom Riseman wuchs in Oxford, England, als Sohn eines bayrischen Vaters und einer englischen Mutter auf. Seinen Einstieg in die östliche Philosophie hatte er durch Karate schon als Jugendlicher, wobei er es bis zum Träger des Schwarzen Gürtels vom ersten Dan brachte. Obwohl er heute kein aktiver Karatekämpfer mehr ist, hat sich sein Interesse für östliche Philosophie und Geschichte weiter entwickelt. Mit der Unterstützung von Tibetexperten der British Library begann er 1979 seine Arbeit an dem vorliegenden Buch, welche er im Jahre 1985 im Mittleren Osten beendete, wo er als Journalist stationiert war.

Tom Riseman

Einführung in das
I GING

SPHINX

Aus dem Englischen von Tina Lüscher

Die Deutsche Bibliothek – CIP-Einheitsaufnahme
Riseman, Tom:
Einführung in das I-ging / Tom Riseman.
[Aus d. Engl. von Tina Lüscher]. – 2. Aufl. – Basel : Sphinx, 1994
(Sphinx pocket ; 49)
Einheitssacht.: Introduction to the I-ching <dt.>
ISBN 3-85914-349-2
NE: GT

1994 2. Auflage

Originaltitel: Introduction To The I Ching
Erschienen bei The Aquarian Press

Gestaltung: Charles Huguenin
Satz: Atelier Alinea, Basel
Herstellung: Clausen & Bosse, Leck
Printed in Germany
ISBN 3-85914-349-2

EINLEITUNG

Unter den vielen Vorzügen des I Ging sticht einer hervor, der für uns im Westen von besonderer Bedeutung ist, nämlich die Tatsache, daß es uns mit großer Klarheit andere Ebenen der Wirklichkeit, die den unseren diametral entgegengesetzt sind, aufzuzeigen vermag. Die malerische und oft seltsam anmutende Sprache des I Ging scheint wenig Beziehung zu unserer Alltagswelt zu haben, doch liefert es uns mit seiner naturalistischen, intuitiven Betrachtungsweise und seinen außergewöhnlichen Erkenntnissen eine Ergänzung zu unserem deduktiven «logischen» Denken.

Im I Ging heißt es, der Wandel sei eine beständige, immerwährende Kraft, die überall und in allem wirke. Wer diese Kraft und ihren Entwicklungszustand zu einem bestimmten Zeitpunkt verstehe, vermöge die Situation vollumfänglich zu erfassen. Das mag zwar etwas unverständlich oder merkwürdig klingen, doch hat sich das I Ging immer wieder als außerordentlich zuverlässig erwiesen. C. G. Jung, der erste Psychologe, der das Bedürfnis des Menschen nach Ganzheit und Ordnung wiederentdeckte, hatte eindeutig das I Ging im Sinn, als er den Begriff der «Synchronizität» prägte, um die Verbindungen zu beschreiben, die sich zwischen scheinbar unzusammenhängenden Ereignissen manifestieren.

Zu Beginn unserer Beziehung zum I Ging ist es nicht unbedingt nötig, das ihm zugrundeliegende System zu verstehen. Es genügt, wenn man eine Verbindung herstellt zu dem, was Jung die «einzigartige Psychologie» des I Ging nannte. Da die Hexagramme und die traditionellen Kommentare aus der Zeit des alten China stammen, ist ihr Stil entsprechend blumig und nur schwer verständlich, doch beschreiben sie fundamentale Grundübel, die für den städtischen Neurotiker ebenso von Bedeutung sind wie sie es früher für den chinesischen Gelehrten waren. Das einzige, was uns im Umgang mit dem *Buch der Wandlungen* einschränkt, ist unser Denken.

Höchstes Ziel des I Ging, wie auch aller anderen ontologischen Systeme, ist die Selbsterkenntnis. Das I Ging richtet sich nicht an oberflächliche Menschen. Mit ein wenig Entschlossenheit und Gespür kann es allerdings jeder Mensch, der seine Methoden und Prinzipien respektiert, als große Quelle der Weisheit, der Inspiration und des Wissens erleben.

Ursprung und Entstehungsgeschichte des I Ging

Nur wenige Werke können auf eine so lange und bemerkenswerte Geschichte zurückblicken wie das I Ging. Die Entdeckung der acht Grundtrigramme wird dem legendären Weisen Fu-Hsi zugeschrieben, obwohl ihre Namen wahrscheinlich nicht einmal chinesisch sind, was auf eine Entstehung vor etwa fünf bis fünfundzwanzig Tausend Jahren schließen läßt.

Zwei Anordnungen der Trigramme waren schon 1150 v. Chr. in Gebrauch, als König Wen von einem neidischen Herrscher ins Gefängnis gesteckt wurde und dort eine erweiterte und philosophisch weitreichendere Version des I Ging verfaßte. Dies tat er, indem er die acht Trigramme zu 64 sechszeiligen Hexagrammen zusammenfaßte und jedem einzelnen einen Kommentar *(Urteil)* hinzufügte. Er kommentierte auch ausführlich die Logik und die mystische Philosophie, die den Hexagrammen zugrundeliegt, und sein Werk bildet den wichtigsten Teil der «Zehn Flügel», dem gelehrtesten Kommentar zum I Ging, der sich über die Jahrhunderte hinweg entwickelte.

König Wens Sohn, der Herzog von Dschou, fügte zwar noch weitere Hexagramme hinzu, doch war es Konfuzius, der im Laufe des 5. Jahrhunderts den gewöhnlichen Gelehrten die Weisheit dieser Autoren zugänglich machte. Er war es auch, der das I Ging zum ersten Mal *Die Wandlungen* nannte, und er verbrachte einen großen Teil seines Lebens mit dem Studium des I Ging.

Der Taoismus

Der Taoismus und die Philosophie des I Ging sind untrennbar miteinander verknüpft. Der Taoismus basiert auf den sich gegenseitig ergänzenden, polarisierten Kräften des Yin und des Yang, die sich durch die unaufhörliche Neugestaltung ihrer Beziehung gegenseitig schaffen und wieder auflösen. Sie folgen dem Grundgesetz des Wandels, der einzigen Gewißheit im Leben. Auch das I Ging beruht auf der Anerkennung des Wandels; jedes der 64 Hexagramme ist in sechs Linien angeordnet, die sich von Yin nach Yang oder umgekehrt entwickeln und so schrittweise das Hexagramm in einen völlig anderen Zustand verwandeln. Auf diese Weise läßt sich erkennen, wie eine Kraft, die in ihrer abstrakten Form innerhalb der Urteile und Bilder beschrieben wird, sich in jedem einzelnen Hexagramm von der Kindheit bis zum Höhepunkt und Zerfall entwickelt.

Die Anwendung des I Ging früher und heute

Als China als erster Staat der Welt einen Verwaltungsapparat mit Beamten schuf, lieferte das I Ging den philosophischen Rahmen für die Regierungs- und Alltagsgeschäfte. Das Orakel wurde für alles befragt, und die Wahrsager breiteten auf jedem Marktplatz ihre Schafgarbenstengel auf kleinen Tischen aus.

In unserem Jahrhundert pries Tschiang Kai-schek das I Ging als Orakel sowie als Grundlage für die *höchsten Tugenden* der Chinesen. Zur Zeit des Zweiten Weltkrieges wurde das I Ging im ganzen Osten viel benutzt. Es galt als das führende Standardwerk für Taktik und war daher Pflichtlektüre für Stabsoffiziere in den Streitkräften. Auch heute noch herrscht bei den japanischen Intellektuellen allgemein die Ansicht, daß die kaiserliche Marine die Offensive im Pazifik gewonnen hätte, wenn nicht so viele aggressive Marineoffiziere sich für zu *modern* gehalten hätten, das Orakel zu befragen.

Diesen Hochmut kannte Mao Tse-tung nicht. Er befragte das Buch regelmäßig während der Jahre des Planens und Kämpfens, die zum Langen Marsch führten. Im Osten benutzen es auch heute noch viele Menschen, doch ziehen sie vereinfachte Versionen vor.

Das I Ging nimmt heute neben der Astrologie, dem Handlesen und anderen *okkulten* Künsten einen festen Platz unter den Hilfsmitteln ein, derer sich Geschäftsleute bedienen. Softwarefirmen haben bereits Programme zur gründlichen Erforschung numerologischer Systeme entwickelt, die auf dem System des I Ging basieren. In den Vereinigten Staaten ist seit einiger Zeit ein kleiner batteriebetriebener *I Ging-Computer* erhältlich, der die Funktion des Münzenwerfens oder Aufteilens der Schafgarben übernimmt und vor allem von Börsenmaklern verwendet wird.

Motiv und Haltung bei der Befragung

Bei der Befragung und Interpretation des Orakels sollte man präzise vorgehen und offen sein. Häufig bedeutet dies, daß man seinen Unglauben so weit als möglich beiseiteschiebt, damit man die subtilen und oft verwirrenden Bilder überhaupt aufnehmen und verstehen kann.

Man braucht keine übersinnlichen Fähigkeiten, doch spielt die eigene Haltung eine entscheidende Rolle. Wenn man das Orakel wie ein Unterhaltungsspiel betreibt, wird man die entsprechenden Antworten bekommen. Der erste Schritt besteht darin, Respekt zu haben, und deshalb kann ein formelles Ritual sehr von Nutzen sein.

Es gibt zwei Hauptmethoden, um das Orakel zu befragen: mit Schafgarben oder mit Münzen. Für letztere braucht man drei alte chinesische Münzen, die rund sind und in der Mitte ein viereckiges Loch haben. Allerdings kann man für beide Methoden auch das moderne Pendant benutzen, nämlich gewöhnliche Münzen oder Holzstäbchen von etwa zwölf Zentimetern Länge. Man sollte die Münzen vor dem ersten Gebrauch gründlich waschen und dann etwa zehn Minuten lang zwischen den Händen halten. Leihen Sie Ihre Münzen niemals anderen aus.

Sie können natürlich jede beliebige Frage stellen, doch *verdirbt,* beziehungsweise trübt Egoismus die Antwort. Am eindeutigsten sind die Antworten, wenn die Frage einen ganzen Sachverhalt beschreibt und einen Zeitfaktor enthält. Man erhält auf Fragen, die ein einfaches *ja* oder *nein* verlangen, scheinbar unklare Antworten. Sprechen Sie das Orakel laut oder in Gedanken mit einer klar formulierten Frage an. Behandeln Sie das Orakel wie eine von Ihnen hochgeschätzte Person. Werfen Sie dann die Münzen (bzw. teilen Sie die Stengel) und konzentrieren Sie sich auf die Frage.

Das Münzenorakel

Halten Sie die Münzen und lassen Sie sie auf eine ebene Fläche fallen. Beginnen Sie jedoch erst, wenn Sie die Frage genau formuliert haben: Eine unklare Frage ergibt eine unklare Antwort. Die Kopfseite der Münze (vier Figuren bei chinesischen Münzen) gilt als Yang und zählt drei, die Schriftseite gilt als Yin und zählt zwei. Die Münzen werden sechsmal geworfen: bei jedem Wurf erhält man einen Wert von entweder sechs, sieben, acht oder neun.

Notieren Sie nach jedem Wurf die entsprechende Zahl und zwar von unten nach oben, da organisches Leben immer nach oben wächst. Eine Sechs entspricht dem alten Yin, sieben dem jungen Yang, acht dem jungen Yin und neun dem alten Yang. Sie können das Yang mit einem durchgehenden horizontalen Strich und das Yin mit einer gebrochenen Linie darstellen. Außerdem sollten Sie die Striche mit einem Kreis in der Mitte für altes Yang und einem Kreuz für altes Yin versehen. Oder Sie schreiben eine Sechs mit einem Kreuz, eine Sieben mit einem Punkt, eine Acht mit zwei Punkten und eine Neun mit einem Kreis.

Die Bedeutung der *alten* Linien beruht auf der grundlegenden Philosophie des T'ai Chi, die besagt, daß eine Kraft, die, ihren Höhepunkt erreichend, *alt* wird, sich in ihr Gegenteil verwandelt. Das heißt, daß die *alten* Linien *bewegte* Linien sind. Sie können auf jedem Platz der sechs Linien vorkommen und betonen den Zustand, der beschrieben wird. Zum Beispiel könnte man bei einem Wurf sechs, sieben, acht, acht, sieben, acht erhalten. Das ergäbe: altes Yin, junges Yang, junges Yin, junges Yin, junges Yang und junges Yin.

Mit Hilfe der im Anhang enthaltenen Tabelle, in der die acht Trigramme aufgeführt sind, setzen Sie die beiden Trigramme zu einem Hexagramm zusammen und erhalten so die Nummer des Hexagramms, in diesem Fall also Nr. 29, Kan, mit einer bewegten Linie auf erstem Platz. Lesen Sie das Urteil und das Bild sowie den Kommentar zur Linie und wenden Sie sich dann dem neuen Hexagramm zu, das durch die Änderung der ersten Linie entsteht. Diese ist jetzt Yang, also ist das neue Hexagramm Nr. 60, Dsiё, das Ihnen Aufschluß über die künftige Entwicklung und die Endsituation gibt.

Die Deutung des Orakels

Bei der Antwort sind drei Hauptfaktoren zu berücksichtigen:

1. Jedes Hexagramm stellt eine einzigartige, komplexe Art von Energie dar, wie eine Musiknote, die durch tausende von Harmonien erzeugt wird. Man sollte daher nicht vergessen, daß häufig eher die Faktoren, die einer Situation zugrundeliegen, beschrieben werden und nicht unbedingt ein eigentliches Bild der Situation selbst gezeichnet ist.

2. Jedes Hexagramm und jede Linie können, grob gesehen, drei Dinge darstellen: a) einen Sachverhalt, b) die persönliche Situation und c) die Beziehung zwischen einem selbst und anderen Menschen.

3. Menschliche Situationen werden von vielen komplexen Faktoren bestimmt. Wieweit Sie die Antwort verstehen, wird davon abhängen, wie sehr Sie von der Sache betroffen sind, bzw. in das Geschehen verwickelt sind. Deshalb ist es wichtig, sich über seine Stellung in bezug auf die Situation und das Orakel im klaren zu sein. Auf diese Weise können Sie beurteilen, auf welcher Ebene Sie die Frage stellen und wie Sie die Antwort deuten müssen.

DIE 64 HEXAGRAMME

1
KIËN Die schöpferische Kraft

Dieses erste Hexagramm besteht aus dem wiederholten Trigramm Kiën, somit also aus sechs ungeteilten Strichen. Diese ungeteilten Striche entsprechen der Yangkraft, der starken, aktiven, gebenden, geistigen und intellektuellen Urkraft.

Kiën ist seiner Eigenschaft nach der Himmel, der König, der Herrscher und das Familienoberhaupt, und stellt jemanden dar, der seine Macht und Lebenskraft konstruktiv einsetzt. Die Urkraft verwandelt sich in ihr Gegenteil, sobald sie ihren Höhepunkt erreicht hat. Somit warnt das Hexagramm vor einem Erfolg, der zu einem Mißerfolg werden könnte, wenn man von der Kraft im Übermaß und mit Arroganz Gebrauch macht.

Das Urteil

Die schöpferische Kraft bewirkt großes Gelingen,
mit Beharrlichkeit allem dienend.

Dem ursprünglichen Sinne nach bedeutet Kiën die «Kraft des Erfolges», die aus der innersten Tiefe strömt. Aber alles hängt davon ab, inwiefern man mit Ausdauer vorgeht und das Richtige tut.

Das Bild

Des Himmels Bewegung ist voller Kraft.
So macht auch der Edle sich stark.

Der Himmel ist ständig in Bewegung. Dies sollte Ihnen ein Vorbild sein. Eignen Sie sich Stärke, Durchsetzungskraft und Ausdauer an.

Die Linien

Anfangs eine Neun: Der Drache im Winterschlaf.
Handle nicht.

Der chinesische Drache ist das Symbol der dynamischen, erregenden Kraft. Ihre Zeit wird kommen – aber noch ist sie nicht da. Bereiten Sie sich vor und warten Sie ab. Vorläufig kommen Sie nur langsam vorwärts.

Neun auf zweitem Platz: Der Drache erscheint auf dem Feld.
Den großen Mann aufsuchen bringt Gewinn.

Ihre Situation sollte sich etwas verbessern, und man wird Ihre Bemühungen zu schätzen wissen. Holen Sie sich, soweit das möglich ist, Rat bei einer älteren oder erfahreneren Person.

Neun auf drittem Platz:
Der Edle ist den ganzen Tag schöpferisch tätig.
Auch abends denkt er noch nach.
Gefahr. Kein Tadel.

Es gibt viel zu tun, doch erwartet Sie keine Belohnung. Achten Sie auf mögliche Fallen und bleiben Sie in Ihrem Verhalten korrekt, auch wenn die Lage schwierig ist.

Neun auf viertem Platz: Der Drache schwebt über der Tiefe.
Kein Tadel.

Jetzt müssen Sie sich entscheiden. Entweder Sie wählen den Weg nach oben oder Sie ziehen sich zurück. Es gibt keinen *richtigen* oder *falschen* Weg: Die Richtlinien findet jeder in sich selbst.

Neun auf fünftem Platz: Der Drache im Himmel.
Den großen Mann aufsuchen bringt Gewinn.

Eine einflußreiche Person könnte Ihre Fähigkeiten entdecken und Ihnen helfen. Sie gewinnen an Einfluß und begegnen Menschen, mit denen Sie sich geistig verwandt fühlen. Paradoxerweise könnten Sie jedoch gleichzeitig das Gefühl haben, allein dazustehen.

Oben eine Neun: Der Drache ist hochmütig.
Anlaß zu Reue.

Die physische oder geistige Isolation, in der Sie sich befinden, führt zum Sturz in die Tiefe, wenn Sie so weitermachen.

2
KUN Das Empfangende

Das Zeichen besteht aus lauter geteilten Linien, welche der Yinkraft entsprechen, deren Eigenschaft die Hingabe ist. Dies bedeutet nicht Schwäche, sondern ist eine Urkraft wie Kiën. Allerdings stellen diese beiden ersten Zeichen keine Gegensätze, sondern eine Ergänzung dar wie König und Königin oder Vater und Mutter. Erst wenn die Hingabe vom Schöpferischen geleitet wird, kann ein konstruktives Ergebnis erzielt werden.

Das Urteil

Das Empfangende bewirkt großes Gelingen,
durch die Eigenart der Stute allem dienend.
Der Edle leitet ein Unternehmen und verirrt sich:
Später läßt er sich leiten.
Finde Freunde im Süden und Westen,
verzichte auf solche im Norden und Osten.
Ruhige Beharrlichkeit bringt Heil.

Die der Ausdauer der Stute vergleichbare Ausdauer des Empfangenden unterscheidet sich erheblich von der aktiven Ausdauer des Kiën und bezieht sich mehr auf materielle Umstände. Lassen Sie sich leiten und seien Sie hilfreich.

Süden und Westen symbolisieren Anstrengung und Arbeit. Der Osten symbolisiert den Ort, wo man Aufträge von einem Herrn erhält, und der Norden den Ort, dem Planen zugeordnet ist. Darauf sollte man verzichten und sich in die Einsamkeit zurückziehen.

Das Bild

Der Zustand der Erde ist die Hingabe.
So trägt der Edle von großzügigem Wesen die Welt.

Die Erde erhält und trägt alles, das Gute wie das Böse. Ebenso ist der Edle seinem Wesen nach rein, weitherzig und tiefgründig, so daß er seine Situation akzeptieren und ertragen kann.

Die Linien

Anfangs eine Sechs: Tritt man auf Reif, so folgt bald festes Eis.

Die Anzeichen des Dunklen und Kalten häufen sich, das Unglück naht.

Sechs auf zweitem Platz: Gerade, rechtwinklig, groß.
Auch ohne Findigkeit wird alles gefördert.

Das Empfangende (symbolisiert durch ein Quadrat) weicht der geraden Yangkraft und zeitigt auf natürliche Art und Weise gute Ergebnisse. Alles wendet sich zum Guten.

Sechs auf drittem Platz: Dank verborgener Fähigkeiten bleibt man beharrlich.

Stehst Du in eines Königs Diensten, vollende Dein Werk in der Stille.

Verbergen Sie Ihre Talente und arbeiten Sie im Stillen, dann werden Sie belohnt. Entwickeln Sie also Projekte, die später Früchte tragen werden.

Sechs auf viertem Platz: Der Sack ist zugebunden.

Kein Lob. Kein Tadel.

Üben Sie sich in weiser Zurückhaltung und handeln Sie mit großer Vorsicht, da etwas mißlingen könnte.

Sechs auf fünftem Platz: Ein einfaches gelbes Untergewand bedeutet höchstes Glück.

Gelb ist die Farbe der Mitte und symbolisiert Zuverlässigkeit. Aristokraten (die in ihrem Verhalten am meisten Zurückhaltung üben) trugen einfache Gewänder unterhalb der Taille. Eine Zeit des Gelingens, aber nur indirekt und wenn Sie – besonders in der Öffentlichkeit – diskret bleiben.

Oben eine Sechs: Drachen kämpfen auf dem Feld.

Schwarzes und gelbes Blut.

Die bewegte Linie symbolisiert die beiden Urkräfte im Kampf um den Platz des Himmels (schwarz oder dunkelblau). Hüten Sie sich vor Auseinandersetzungen, denn der Streit könnte für beide Parteien kränkend sein.

3
DSCHUN Die Anfangsschwierigkeit

Das obere Zeichen Kan und das untere Zeichen Dschen führen Wolken, Wasser, Bewegung und Donner zusammen. Somit handelt es sich um eine Zeit der Spannungen.

Dschun ist die Zeit, in der die Schößlinge sich mühsam den Weg durch den harten Boden erkämpfen.
Man sollte große Geduld beweisen.

Das Urteil

Die Anfangsschwierigkeiten bewirken großes Gelingen und Gewinn durch Beharrlichkeit.

Man soll nichts beginnen; man soll fähige Helfer einstellen. Alles kämpft darum, Gestalt anzunehmen. Wenn man beharrlich sich bemüht, führt das zu großem Erfolg. Hingegen bewirkt übereiltes oder frühzeitiges Handeln nur Unheil.

Das Bild

Wolken und Donner: Anfangsschwierigkeiten.
Der Edle schafft Ordnung aus dem Chaos.

Auch Sturmwolken haben eine ganz bestimmte Form, und so sollte man sich bemühen, Ordnung zu schaffen und bereit sein für die Zeit nach dem Regen, wenn die Bedingungen besser sind.

Die Linien

Anfangs eine Neun: Schwierigkeiten und Hemmnisse.
Korrekte Beharrlichkeit bringt Erfolg.

Einerseits sollten Sie nicht zögern, andererseits aber auch nichts überstürzen oder erzwingen. Bleiben Sie einfach beharrlich und bescheiden, besonders wenn Sie Helfer finden.

Sechs auf zweitem Platz: Spaltung durch einen Reiter.
Er ist kein Räuber, sondern möchte freien.
Aber das Mädchen ist keusch.
Zehn Jahre, dann nimmt sie an und bindet sich.

Eine plötzliche Wende ist eingetreten, vielleicht sogar ein Schock. Ändern Sie Ihr Vorgehen und treten Sie entschieden auf. Nehmen Sie keine fremde Hilfe an, um nicht Verpflichtungen eingehen zu müssen, die sich später als hinderlich erweisen könnten. Erfolg erst nach Abschluß der gegenwärtigen Schwierigkeiten.

Sechs auf drittem Platz: Wer das Reh ohne Führer jagt, der verirrt sich nur im Wald.
Der Edle versteht dies und zieht es vor umzukehren.
Wer weitermacht, bereut.

Übereiltes Handeln ohne die nötige Führung bringt unweigerlich tiefe Demütigungen mit sich. Es kann sein, daß man von einer Person, die in Schwierigkeiten steckt, zurückgehalten wird. Versuchen Sie nicht, irgendetwas zu erzwingen.

Sechs auf viertem Platz: Pferd und Wagen trennen sich.
Suche die Vereinigung und tue den Schritt.
Alles ist förderlich.

Es bietet sich Ihnen eine ungewöhnliche Gelegenheit, die Sie beim Schopfe packen sollten. Auch wenn es Ihnen peinlich ist, den ersten Schritt zu tun, so sollten Sie sich doch überwinden, da Sie dafür Anerkennung ernten.

Neun auf fünftem Platz: Schwierigkeiten bei guten Taten.
Kleine Dinge bringen Heil,
große Dinge bringen Unheil.

Gehen Sie schrittweise vor, verhalten Sie sich korrekt und erwarten Sie keine großen Erfolge.

Oben eine Sechs: Pferd und Wagen trennen sich.
Blut vermischt sich mit Tränen.

Eine plötzliche Wendung, gepaart mit Arroganz, kann großes Unglück mit sich bringen oder Sie zur Aufgabe zwingen. Sie sollten unverzüglich Ihre Einstellung ändern.

4

MONG Die Jugend

Das Hexagramm beinhaltet Unerfahrenheit und Reinheit. Das obere Trigramm, Gen, bedeutet das jüngste Kind oder der Berg; Kan, darunter, Gefahr oder Wasser. Somit haben wir vor uns das Bild einer Quelle, die am Fuße des Berges hervorsprudelt, sowie das Bild eines törichten Kindes. Die Jugend muß angeleitet und geschult werden, und daher geht es bei diesem Hexagramm ganz allgemein ums Lernen und insbesondere darum, durchweg geduldig zu sein.

Das Urteil

Die Jugendtorheit hat Erfolg.
Nicht ich suche den jungen Toren, er sucht mich.
Ich antworte auf die erste Befragung.
Fragt er weiter, so benimmt er sich respektlos.
Ist er respektlos, gebe ich ihm keine Antwort.
Beharrlichkeit ist von Nutzen.

In diesem Urteil werden zwei Aspekte gleichzeitig vermittelt: Einerseits wird das Orakel und seine Haltung gegenüber der Person, die es befragt, beschrieben, wobei es hier um Menschen in einer Lernsituation geht. Der unerfahrene Befrager muß die Meister-Schüler-Beziehung, die im Umgang mit dem I Ging entsteht, akzeptieren lernen.

Andererseits wird der Verhaltensratschlag erteilt, daß ein guter Schüler respektvoll und fleißig ist und einen Schritt auf einmal meistert.

Das Bild

Unter dem Berg sprudelt eine Quelle hervor:
Das Bild der Jugend.
Der Edle entwickelt sich durch korrektes Handeln
und Tatkraft.

Wie der gute Schüler sollte man seinen Charakter mit Ausdauer und Klarheit entwickeln.

Die Linien

Anfangs eine Sechs: Will man einen jungen Menschen schulen, ist Disziplin von Vorteil.
Man sollte die Fesseln entfernen, sonst folgt Beschämung.

Erziehung beginnt mit Nachahmung. Danach muß der junge Mensch sich ernsthaft bemühen, sonst bleibt er dumm und unwissend. Allerdings verkrüppelt sinnlose und einschränkende Routine nur den Geist. Eine Zeit der Verwirrung und der Schwierigkeiten, die sich mit der Zeit lösen.

Neun auf zweitem Platz: Nachsicht mit Unwissenden bringt Heil.
Verständnis im Umgang mit Frauen bringt Heil.
Der Sohn kann die Leitung des Haushaltes übernehmen.

Hier ist ein Mensch gezeichnet, der die nötige Geisteskraft besitzt, um schwachen Menschen zu helfen, sowie in der Lage ist, aufgrund seiner inneren Stärke großzügig Nachsicht zu üben und ein starkes Verantwortungsbewußtsein zu entwickeln. Dies ist eine Zeit der Harmonie und des Erfolgs.

Sechs auf drittem Platz: Wähle nicht ein Mädchen, das beim Anblick eines reichen Mannes seine Selbstbeherrschung verliert.
Nichts ist förderlich.

Werfen Sie sich nicht weg. Daraus erwächst Ihnen kein Nutzen, und Sie verlieren damit Ihre Würde. Bleiben Sie bescheiden, gelassen und korrekt.

Sechs auf viertem Platz: Jugendliche Verwirrung bringt Beschämung.

Wenn Sie mit einer unrealistischen Person zu tun haben, sollten Sie sich von ihr distanzieren. Sie werden nur gedemütigt, wenn Sie den Kontakt beibehalten, und die Leute werden schlecht über Sie denken.

Sechs auf fünftem Platz: Jugendliche Unwissenheit bringt Heil.

Unwissenheit, d.h. das Fehlen vorgefaßter Meinungen sowie Respekt für den Lehrer, ist notwendig. Sie erreichen Ihre Ziele mit Erfolg.

Oben eine Neun: Bestraft man einen jungen Menschen, ist es nicht förderlich, Übergriffe zu begehen.
Förderlich ist nur, weiteres Unheil zu verhindern.

Seien Sie vorsichtig. Möglicherweise werden Sie bestraft oder Sie bestrafen jemand anderen, doch sollte die Strafe angemessen sein.

SÜ Das überlegte Warten (Die Ernährung)

Das Trigramm Kan (Wasser, Gefahr) über Kiën (Himmel, Stärke) deutet auf Regenwolken am Himmel hin. Es wird zwar regnen, doch muß man bis dahin warten. Nutzen Sie die Zeit zur Vorbereitung. Diese Vorstellung wird außerdem nahegelegt durch das Gesamtbild des überlegten Wartens, das im alten Zeichen Sü durch das Bild eines sitzenden Vermittlers dargestellt wurde. Das überlegte Warten beinhaltet auch die Vorstellung, daß der Kern der Lebensenergie (Prana oder Ch'i) im Zentrum des Körpers genährt wird. Handeln Sie jetzt mit Vorsicht und bleiben Sie gleichzeitig zielgerichtet. Hüten Sie sich vor Konkurrenz, doch bleiben Sie Konkurrenten gegenüber fair.

Das Urteil

Überlegtes Warten. Wenn du wahrhaftig bist, erlangst du Ruhm.
Beharrlichkeit bringt Heil.
Förderlich ist es, das große Wasser zu durchqueren.

Mit Wahrhaftigkeit ist hier die innere Gewißheit und das Erkennen der Dinge, wie sie sind, gemeint. Diese Wahrhaftigkeit muß einhergehen mit resolutem und konsequentem Handeln, sowie der praktischen Anwendung des Erkannten. Dies ist eine günstige Zeit für Reisen, wichtige Entscheidungen oder große Veränderungen.

Das Bild

Wolken steigen am Himmel auf:
Das Bild des überlegten Wartens.
Der Edle ißt und trinkt und ist guter Dinge.

Wolken am Himmel sind ein Zeichen, daß es regnen wird, doch können wir nichts anderes tun als abwarten. Wenn wir weise sind, so nähren wir unseren Körper, indem wir gesunde Nahrung zu uns nehmen, und unseren Geist, indem wir uns der Gelassenheit befleißigen. Damit sind wir auch bereit, wenn das Schicksal kommt, und genießen die Zeit bis dahin.

Die Linien

Anfangs eine Neun: Warten auf dem Felde.
Förderlich ist es, sich an das Dauernde zu halten.
Keine Reue.

Sie leiden unter einer leichten Unruhe und Unzufriedenheit und spüren Ereignisse, die in der Luft liegen. Vermeiden Sie überstürzte Handlungen und führen Sie ein wohlgeordnetes Leben.

Neun auf zweitem Platz: Warten am Ufer.
Es gibt Gerede.
Schließlich wendet sich alles zum Guten.

Die Gefahr (Wasser) naht, und es kann leicht zu einem Streit kommen. Bleiben Sie ruhig und gelassen, und die Dinge werden sich von selbst lösen.

Neun auf drittem Platz: Wenn man im Schlamm steckt, ermutigt das den Feind.

Sie befinden sich in einer exponierten Lage. Seien Sie vorsichtig in Ihren Beziehungen und auf der Hut vor dem Verlust von Besitz oder Status.

Sechs auf viertem Platz: Warten im Blut.
Flüchten Sie aus dem Loch.

Sie stehen allein da und befinden sich in einer äußerst gefährlichen Lage. Der einzige Ausweg ist der, Ruhe zu bewahren und zu warten. Jetzt bestehen keine Aussichten auf Erfolg: Sie können nur versuchen zu überleben.

Neun auf fünftem Platz: Warten bei Speis und Trank.
Beharrlichkeit bringt Heil.

Alles läuft gut: Genießen Sie Ihr Glück und bewahren Sie eine gelassene und lockere Haltung. Unternehmen Sie weiterhin Anstrengungen, um Ihr Ziel zu erreichen, doch lassen Sie sich Zeit.

Oben eine Sechs: Man fällt in den Abgrund.
Drei unerwartete Gäste tauchen auf: Begegne ihnen mit Höflichkeit, dann wendet sich alles zum Guten.

Alle Ihre Pläne werden durchkreuzt, und Sie müssen nun würdevoll nachgeben. Nach dem Unglück scheint ein Hoffnungsstrahl. Prüfen Sie ihn gründlich und nutzen Sie ihn mit Vernunft. Wenn Sie auf der Hut bleiben, können Sie profitieren.

6
SUNG Der Streit

Die Aufwärtsbewegung des Himmels (Kiën) steht im Widerspruch zum Abwärtsfluß des Wassers (Kan, unten). Durch die Eigenschaften der Trigramme kommt ein grundlegender Unterschied zum Ausdruck: Die Stärke über der List. Auch befindet sich das obere Trigramm vor dem unteren, also haben wir Gewalt vor List, was das Bild von Streit heraufbeschwört.

Das Urteil

Der Streit. Du bist wahrhaftig trotz der Hemmung.
Auf halbem Wege innehalten bringt Heil.
Zu Ende führen bringt Unheil.
Förderlich ist es, den großen Mann aufzusuchen.
Nicht förderlich ist es, das große Wasser zu durchqueren.

Streit entsteht, wenn man auf seinem Standpunkt beharrt, – mit anderen Worten, wenn man egoistisch handelt. Seien Sie so klug und fair, einen Kompromiß einzugehen oder nachzugeben. Dies gilt besonders dann, wenn Sie stur an einem unsicheren Standpunkt festhalten. Suchen Sie den Rat oder das Urteil einer Autoritätsperson oder höheren Instanz. In Zeiten des Unfriedens sollten Sie nichts Neues beginnen, denn dazu bedarf es zusammengefaßter Kräfte.

Das Bild

Himmel und Wasser bewegen sich in entgegengesetzter Richtung:
Das Bild des Streites.
So überlegt der Edle sorgfältig, wenn er ein Geschäft beginnt.

Streit liegt in der Luft. Nur wenn man seine Ziele im voraus gründlich und sorgfältig ordnet, kann verhindert werden, daß er ausbricht.

Die Linien

Anfangs eine Sechs: Auch wenn man das Geschäft weiterführt, gibt es Gerede. Schließlich wendet sich alles zum Guten.

Es wird zwar höchstwahrscheinlich zu einer Auseinandersetzung kommen, doch wendet sich alles zum Guten. Erzwingen Sie nichts und vermeiden Sie eine Konfrontation.

Neun auf zweitem Platz:
Man kann damit nicht fortfahren.
Er weicht zurück und kehrt heim.
Die dreihundert Haushalte seiner Stadt bleiben vom Unglück verschont.

Man sollte sich nicht mit einem Gegner anlegen, der stärker ist als man selbst, sondern sich zurückziehen und Frieden schließen. Friedliebenden Menschen wird es gut ergehen, doch könnten andere Menschen in einen Streit verwickelt werden.

Sechs auf drittem Platz: Abhängigkeit von Traditionen birgt Gefahr.

Schließlich wendet sich alles zum Guten.

Stehst Du im Dienste des Königs, so trachte nicht nach Ruhm.

Verlassen Sie sich auf das, was Sie sich selbst erarbeitet haben und streben Sie nicht nach Lob und Anerkennung. Im allgemeinen gibt es weder großen Erfolg noch Mißerfolg.

Neun auf viertem Platz: Man kann nicht damit fortfahren.

Im Rückzug fügt er sich und findet Frieden.

Heil.

Sie befinden sich bei einer Auseinandersetzung im Unrecht, und nur wenn Sie umkehren, finden Sie Frieden. Nach einem Verlust wendet sich das Blatt zu Ihren Gunsten.

Neun auf fünftem Platz: Den Streit seinem Urteil zu überlassen bringt Heil.

Hier ist der weise Ratschlag oder das schlichtende Urteil einer höheren Instanz angebracht. Sofern man es verdient, wird man Anerkennung oder eine Beförderung erreichen.

Oben eine Neun: Es wird ihm zwar ein schöner Gürtel geschenkt, doch wird er ihm im Laufe eines Morgens dreimal entrissen.

Man hat zwar anscheinend Erfolg gehabt und Recht bekommen, doch nun ist man unglücklich und der Streit geht weiter. Nichts hat sich gelöst. Für friedliebende Menschen ist das Leben jedoch angenehm.

7
SCHÏ Das Heer

Das Heer versinnbildlicht gesammelte Kräfte, die auf ein Ziel gerichtet sind. Das Wasser (Kan, unten), das von der Erde (Kun, oben) eingefangen wird, symbolisiert mächtige Kräfte, die durch gemeinsame Disziplin oder durch die Leitung einer Autoritätsperson in Schach gehalten werden.

Die starke ungebrochene Linie bezeichnet den Gebieter. Da sie jedoch im unteren Trigramm steht, ist er nicht das Staatsoberhaupt. Er muß daher korrekt und vertrauenswürdig handeln sowie seine Männer mit Respekt behandeln, damit das Heer seine Schlagkraft behält.

Das Urteil

Das Heer. Das Heer braucht Ausdauer und einen starken Führer.
Heil ohne Tadel.

Die Situation erfordert einen starken Mann. Derjenige, der die Führung übernehmen sollte, ist gegenwärtig zu wenig mit seiner Umwelt verbunden. Er muß andere um sich versammeln, indem er die gemeinsamen Bedürfnisse aufzeigt und seine Führungseignung unter Beweis stellt.

Das Bild

Inmitten der Erde ist Wasser, das Bild des Heeres.
Der Edle vergrößert seine Anhängerschaft
durch Wohlwollen gegenüber dem Volk.

Nur durch eine gerechte Politik in Friedenszeiten hat der Führer auch in Kriegszeiten die Unterstützung des Volkes. Ebenso bedarf es eines Gefühls des Vertrauens und gemeinsamer Werte unter denen, die einen Streit beilegen wollen, oder aber sie müssen sich an einem gemeinsamen Projekt beteiligen.

Die Linien

Anfangs eine Sechs: Ein Heer muß mit Ordnung vorrücken.
Tut es das nicht, droht Unheil.

Dies ist ein günstiger Zeitpunkt für neue Projekte oder um eine bereits begonnene Arbeit voranzutreiben, doch müssen die Grundprinzipien, Absichten und die Vorgehensweise stimmen, sonst geraten Sie in ernsthafte Schwierigkeiten. Möglicherweise haben Sie bereits übereilte Maßnahmen ergriffen.

Neun auf zweitem Platz: Der Führer arbeitet inmitten des Heeres.
Der König verleiht ihm dreifache Auszeichnung.
Heil ohne Tadel.

Eine einflußreiche Person hilft Ihnen, Ihr Ziel zu erreichen. Sie werden befördert und ernten Anerkennung, und Ihre Kollegen oder Mitarbeiter haben teil am Erfolg.

Sechs auf drittem Platz: Das Heer führt Leichen in einem Wagen.
Unheil.

Da Sie Ihre Stärken überschätzt und Ihre Schwächen übersehen haben, stoßen Sie unweigerlich auf Schwierigkeiten. Auch ein scheinbarer Erfolg ist wertlos.

Sechs auf viertem Platz: Das Heer macht einen strategischen Rückzug.
Kein Tadel.

Schwierigkeiten lassen sich vermeiden, wenn Sie den Rückzug geschickt planen. Dies ist keineswegs eine endgültige Niederlage.

Sechs auf fünftem Platz: Wild erscheint auf dem Feld.
Es einzufangen ist von Vorteil. Kein Tadel.
Der älteste Sohn sollte das Heer anführen.
Der Jüngere führt Leichen.
Beharrlichkeit bringt Unheil.

Das Heer hat keine wirkliche Führung, und deshalb sind die gegnerischen Streitkräfte in das eigene Gebiet eingedrungen. Das Heer muß nun von einem energischen und erfahrenen Führer geleitet werden. Gesamthaft gesehen hat die Art, wie Sie mit der Situation bis jetzt umgegangen sind, keinesfalls den Anforderungen genügt. Sie können so nicht fortfahren.

Oben eine Sechs: Der oberste Fürst erläßt Befehle,
gründet Staaten und verteilt Lehen.
Gemeinen Menschen darf man keine Macht verleihen.

Man befreit sich von Hindernissen, und das Leben scheint sich zum Guten zu wenden. Hüten Sie sich jedoch vor Selbstgefälligkeit und ungerechten Methoden und belohnen Sie niemanden nur aufgrund früherer Verdienste.

8

BI Die Einheit

Die natürliche Verbindung von Wasser (Kan, unten) und Erde (Kun, oben) deutet auf eine Person oder Zeit hin, die sich für eine Zusammenarbeit eignet und für Sie günstig ist. Sie haben Glück in Ihren persönlichen Beziehungen und in geschäftlichen Belangen, vorausgesetzt, sie begründen sich auf Vertrauen, persönlichem Engagement und Ehrlichkeit.

Das Urteil

Die Einheit. Heil. Befrage das Orakel nochmals.
Bist Du im Geiste erhaben, entschlossen und beharrlich?
Wenn ja, begehe keinen Fehler.
Wer zögert, könnte zu spät kommen.
Unheil.

Jede Einheit braucht ein starkes Zentrum. In einer Gruppe entstehen Beziehungen in einer Weise, die sehr zart und heikel ist, und diejenigen, die später dazukommen, können die Einheit nicht so tief erfahren wie frühere Mitglieder der Gruppe. Akzeptieren Sie die Beschränkungen, die die Zugehörigkeit zu einer Gruppe mit sich bringt, wenn Sie ihre Vorteile genießen wollen – ansonsten verlassen Sie die Gruppe.

Das Bild

Auf der Erde ist Wassser: Das Bild der Einheit.
Die Könige errichteten einst Lehensgrenzen und
unterhielten mit den Lehensfürsten freundschaftliche
Beziehungen.

Das Wasser wird von der Erde aufgesogen, und beide bilden zusammen eine natürliche Einheit. Ebenso verteilten die Könige früher Land an ihre Edelleute und setzten sich kräftig dafür ein, daß alle die Vorteile der Einheit erkannten und verstanden.

Die Linien

Anfangs eine Sechs: Aufrichtige, respektvolle Einheit.
Ein Fehler ist nicht möglich.
Innere Wahrheit ist wie eine volle Schale.
Schließlich entwickelt sich alles zum Guten.

Die wahre und einzige Grundlage für eine echte Beziehung ist Ehrlichkeit und gegenseitige Hochachtung, doch kann man das von außen nicht immer erkennen. Auch bei einer mit Essen gefüllten Schüssel zählt nur das, was drinnen ist. Man bekommt unter Umständen Hilfe in geschäftlichen und persönlichen Belangen.

Sechs auf zweitem Platz: Innere Einheit.
Weitermachen bringt Heil.
Bewahren Sie Ihre Würde und begegnen Sie den anderen mit innerer Freiheit, dann wird man Ihnen ungewöhnliche Hilfe zukommen lassen, doch könnten formelle Beziehungen alles andere als reibungslos verlaufen.
Sechs auf drittem Platz:
Einheit mit den falschen Menschen.
Vertrauliche und enge Beziehungen zu unpassenden Menschen schwächen Sie und stiften nur Verwirrung. Lassen Sie von ihnen ab, sonst entsteht Schaden. Wenn die anderen Beteiligten in dieser Verbindung im Grunde genommen nicht schlecht sind, kann man noch freundlichen Umgang mit ihnen pflegen. Man sollte sich der Haltung der anderen bewußt sein und sie beobachten.
Sechs auf viertem Platz: Die Einheit kommt von außen.
Weitermachen bringt Heil.
Sie haben bereits engen Kontakt zu jemandem, der sich im Mittelpunkt der Einheit befindet. Verstecken Sie Ihre Beziehung nicht und bleiben Sie Ihren Prinzipien treu.
Neun auf fünftem Platz: Eine äußerst ehrbare Einheit.
Der König läßt das Wild bei der Jagd nur von drei Seiten treiben.
Die Bürger haben keine Angst. Heil.
Bei der königlichen Treibjagd war es üblich, das Wild nur von drei Seiten her anzutreiben und auf der vierten Seite einen Fluchtweg offenzulassen. Bog ein Tier auf diese vierte Seite ab, wurde es nicht abgeschossen und blieb frei, während die anderen gefangen und erschossen wurden. Parallel dazu sollte niemand zu einer Verbindung gezwungen werden; dann ist die Beziehung auch natürlich und ehrlich. Schwierigkeiten am Anfang, danach läuft alles glatt, wenn Sie richtig handeln.
Oben eine Sechs: Einheit ohne Führer. Unheil.
Wenn man unschlüssig ist oder gleichzeitig unfähig, sich zum richtigen Zeitpunkt zu binden oder sich zurückzuziehen, kann für niemanden eine befriedigende Lösung gefunden werden. Eine schwierige Zeit.

9
SIAU TSCHU Die Beschränkung

Das Bild des Windes, des Sanften (Sun, oben), der oben am Himmel (Kiën, unten) weht, deutet darauf hin, daß die große Kraft durch die kleine gehemmt wird. Eine starke Person wird durch kleine ärgerliche Beschränkungen behindert und zu einem Kompromiß gezwungen. Ein neues Projekt könnte ebenfalls durch die gleichen Kräfte erschwert werden.

Das Urteil

Die beschränkende Kraft des Kleinen bringt Erfolg.
Aus dem Westen kommen dichte Wolken, aber kein Regen.

Die Aussicht auf nährenden Regen verheißt ein fruchtbares Ergebnis, doch ist es noch nicht so weit, da die Wolken am Himmel verhindern, daß der Regen fällt. Nur durch die *Kraft des Kleinen* – freundliche und subtile Methoden – können Sie auf andere Menschen oder Ereignisse Einfluß nehmen.

Das Bild

Der Wind bläst am Himmel: Das Bild der beschränkenden Kraft des Kleinen.
So verfeinert der Edle seinen Charakter und seine Fähigkeiten.

In dieser Zeit der Beschränkung kann man praktisch nichts von bleibendem Wert erreichen, doch gestatten es einem die Umstände, sich im Kleinen nach außen hin offen auszudrücken. Man sollte sich Zeit nehmen, um seine Talente und Fähigkeiten zu entwickeln und den Geist zu schulen.

Die Linien

Anfangs eine Neun: Kehre zu rechten Weg zurück.
Dann erleidest Du keinen Schaden. Heil.

Man sollte keine Gewalt anwenden, sondern zu seiner Ausgangslage und ursprünglichen Haltung zurückkehren, um einen günstigeren Zeitpunkt abzuwarten. Nur wenn man in Übereinstimmung mit den Erfordernissen der Zeit handelt, hat man Erfolg. Jeder Mensch, der seinen Platz sucht, egal welcher Art, kann ihn jetzt finden.

Neun auf zweitem Platz: Er wird zur Umkehr auf den richtigen Weg gezwungen. Heil.

Wenn Sie vorwärtsdrängen, stehen Sie plötzlich allein da. Tun Sie sich mit anderen zusammen, die eine andere Richtung eingeschlagen haben, denn auf diese Art und Weise können Sie ihr Ziel erreichen. Eine Beförderung ist durchaus möglich.

Neun auf drittem Platz: Dem Wagen brechen die Räder ab.
Ein Mann und seine Frau streiten.

Da man nicht merkt, daß Schwierigkeiten drohen, versucht man, gewaltsam vorzudringen, doch verträgt die Situation keine Bewegung, und so kommt es zu einem plötzlichen Bruch. Selbst Freunde werden Ihnen kein Mitgefühl entgegenbringen und Sie für anmaßend und unbesonnen halten.

Sechs auf viertem Platz: Durch Ehrlichkeit wird Blutvergießen verhindert und die Angst weicht. Kein Schaden.

Trotz der herrschenden Umstände befinden Sie sich nahe am Puls des Geschehens und verfügen über einen gewissen Einfluß. Sie müssen zuerst den nackten Tatsachen ins Auge sehen und dann wirkliche Maßnahmen ergreifen. Wenn Sie feinfühlig und ehrlich sind, können Sie die Dinge wieder ins Lot bringen und sogar ein kleines Ziel erreichen.

Neun auf fünftem Platz: Ist er anderen in seinen Beziehungen ehrlich und treu verbunden, teilt er den Reichtum seiner Nachbarn.

Menschen, die sich einem gemeinsamen Ziel verschreiben, finden sich aufgrund gegenseitiger Sympathie und gleicher Bedürfnisse zusammen. Selbstlose Zusammenarbeit mit anderen trägt Früchte und hat Anerkennung, wenn nicht gar eine Beförderung zur Folge.

Oben eine Neun: Es hat geregnet, nun herrscht Ruhe.
Das hat man dem festen Charakter zu verdanken.
Die Frau kommt durch Beharrlichkeit in Gefahr.
Der Mond ist beinahe voll.

Die unangenehmen Umstände sind zwar vorbei, doch ist dies nicht der Augenblick für Selbstgefälligkeit, denn der Mond wird bald abnehmen. Entsprechend beginnt die Wirksamkeit der sanften *weiblichen* Prinzipien zu schwinden, und die feindseligen Elemente wirken fort. Versuchen Sie nicht, entschlossen vorzugehen und bestimmte Maßnahmen zu ergreifen, sondern bleiben Sie gelassen und warten Sie ab.

10
LÜ Das Auftreten

Oben der Vater (Kiën) und unten die jüngste Tochter (Dui) entspricht dem Bild der richtigen Beziehung zwischen den beiden gemäß chinesischer Sitte. Somit wird Ihnen mit diesem Hexagramm nahegelegt, in Übereinstimmung mit etablierten gesellschaftlichen Normen zu handeln.

Die Symbolik des Tigers im unteren Trigramm wiederum deutet auf das Bild des Mannes, der dem Tier auf den Schwanz tritt. Dies bedeutet, daß man in einer gefährlichen Lage aufpassen muß und, was ungewöhnlich ist, daß die Schwachen in der Lage sind, die Starken auszunutzen.

Das Urteil

Das Auftreten. Der Mann tritt auf des Tigers Schwanz.
Dieser beißt ihn nicht. Erfolg.

Eine ungewöhnlich enge Nachbarschaft von starken und sanften Elementen. Dies könnte den Einzelgänger darstellen, der gezwungen wird, sich mit Leuten einzulassen, die er für minderwertig hält. Oder aber man hat es mit unberechenbaren, gefährlichen Kräften zu tun. Gehen Sie mit Würde und gleichzeitig mit Feingefühl vor, so daß Sie andere nicht verletzen.

Das Bild

Oben der Himmel und unten der See:
Das Bild des Auftretens.
Der Edle unterscheidet hoch und niedrig
und handelt so in Einklang mit dem Geist des Volkes.

Das konfuzianische Ideal ist eine Gesellschaft, in der Status ein Spiegelbild des inneren Wertes ist. Diese Vorstellung kann man zwar nicht unbedingt verwirklichen, doch sollte man sich bemühen, sein Verhalten gegenüber seinen Mitmenschen aufgrund einer tiefen Würdigung ihres Wesens zu gestalten. Sonst wird man unter Umständen unrealistisch und bleibt in Vorurteilen stecken.

Die Linien

Anfangs eine Neun: Einfaches Auftreten.
Fortschreiten ohne Schaden.

Gewissenhafte und gute Arbeit wird immer auf die eine oder andere Art belohnt. Wenn man das, was man tut, gut macht, wird man jetzt vorwärtskommen. Es besteht die Gefahr, seine Bescheidenheit und Einfachheit zu verlieren, die eigentlich der Grund für das gegenwärtige Glück sind.

Neun auf zweitem Platz: Auftreten auf ebenem, friedlichem Pfad.
Die Beharrlichkeit eines einsamen Mannes bringt Heil.

Man verfolgt innere Ziele und läßt sich nicht von den Reizen der materiellen Welt verführen. Man versteht das Schicksal und geht in Einklang mit seinem inneren Wesen zufrieden vorwärts.

Sechs auf drittem Platz: Der Einäugige kann sehen,
der Lahme kann gehen.
Er tritt auf des Tigers Schwanz: Der Tiger beißt ihn. Unheil.
Der Krieger handelt wie ein Fürst.

Wie der Einäugige meint, er könne gut sehen, und der Lahme, er könne vorankommen, so unterschätzen auch wir unsere Schwächen und setzen uns allen möglichen Konflikten und Verlusten aus. Nur ein Mensch mit einem triftigen oder überragenden Grund sollte so rücksichtslos handeln, und auch er begibt sich in große Gefahr.

Neun auf viertem Platz: Er tritt auf des Tigers Schwanz.
Dank Vorsicht und Behutsamkeit wendet sich alles zum Guten.

Sie befinden sich in Gefahr; Schwierigkeiten drohen für neue wie für bestehende Geschäfte, doch können Sie vorsichtig weitermachen und vorwärtskommen, wenn Sie innerlich wirklich überzeugt sind von dem, was Sie tun.

Neun auf fünftem Platz: Entschlossenes Auftreten.
Beharrlichkeit im Bewußtsein der Gefahr.

Sie sind fest entschlossen, aber etwas rücksichtslos. Es gibt keinen einfachen Ausweg, keinen schnellen Erfolg. Die Zeiten sind schwierig, und man kann sich nur auf Unternehmen einlassen und sich binden, wenn man sich ständig der Gefahr bewußt ist.

Oben eine Neun: Überprüfe Dein Auftreten und achte auf die Zeichen.
Ist alles vollkommen, folgt großes Heil.

Blicken Sie noch einmal auf das zurück, was Sie bisher getan haben und wie Sie es getan haben. War der gewählte Weg richtig und sind die Folgen Ihres Handelns gut, so ist Ihnen das Glück gewiß.

11
TAI Der Friede

Der Führer oder Vater (Kiën, unten) unterstützt die Menschen oder die Mutter (Kun, oben). Dies deutet auf eine starke Kraft hin, die durch Flexibilität und Hingabe Harmonie mit dem Schwächeren schafft. Ganz allgemein beschreibt dieses Hexagramm harmonische Bedingungen.

Das Urteil

Der Friede. Das Kleine geht, das Große kommt.
Heil. Erfolg.

Die starken kreativen Elemente belegen die Hauptpositionen, nämlich die drei unteren Linien, und beherrschen somit das Bild. Man befindet sich in tiefer Harmonie, sowohl was Beziehungen anbelangt wie auch hinsichtlich der gegenwärtigen Umstände.

Das Bild

Himmel und Erde vereinigen sich: Das Bild des Friedens.
Der König teilt und vollendet den Lauf von Himmel und Erde.
Er beobachtet die Erscheinungen von Himmel und Erde
zum Wohle des Volkes.

Die Vereinigung von Himmel und Erde schafft Frieden und Wohlstand. Die Herrscher richten sich in ihren Handlungen nach der richtigen Einteilung von Raum und Zeit, damit sie von der Natur profitieren und in Einklang mit ihr handeln können. Auch wenn Sie sehr darauf bedacht sind, der Sitte gemäß oder im Interesse anderer zu wirken, könnten Sie von eigennützigen Motiven getrieben sein, wenn Sie nicht die innere Wahrheit berücksichtigen, die Sie an das Absolute und Universelle mahnt.

Die Linien

Anfangs eine Neun: Wenn man Gras ausreißt, kommen die Wurzeln mit.
Jeder bleibt sich selber treu. Fortschreiten bringt Heil.

Wenn eine einflußreiche Persönlichkeit in konstruktiver Weise ihren Standpunkt ändert, zieht sie Gleichgesinnte an. Akzeptieren Sie diese Menschen und ihre Hilfe und arbeiten Sie mit ihnen gemeinsam auf ein Ziel hin. Gewinne sind jetzt durchaus möglich.

Neun auf zweitem Platz: Die Unvollkommenen dulden,
den Fluß durchschreiten und weder die Freunde noch das Entfernte vernachlässigen.
So bringt man es fertig, in der Mitte zu wandeln.

Wenn im Leben alles gut läuft, ist es besonders wichtig, gegenüber geringeren Menschen nicht überheblich oder abweisend zu sein. Sie sollten jede Neigung zu Selbstgefälligkeit strengstens unter Kontrolle halten und bereit sein, schwierige oder unangenehme Aufgaben zu erledigen. So bleiben Sie im Umgang mit anderen Menschen freundlich und angenehm und verhalten sich korrekt.

Neun auf drittem Platz: Keine Ebene ohne Hügel.
Kein Gehen ohne Kommen.
Wer in einer gefährlichen Lage beharrlich bleibt, ist ohne Tadel.
Sei unbesorgt. Schau den Tatsachen ins Auge und
genieße, was du hast.

Alles Irdische ist dem Wandel unterworfen. Auf Gutes folgt Böses, und auf Böses wieder Gutes. Akzeptieren Sie das in bezug auf Ihre jetzige Situation. Wenn die Umstände Ihnen normal erscheinen, sollten Sie aufpassen und sich korrekt verhalten, da sich sonst die Situation zum Schlechten wenden könnte. Wenn die Dinge jedoch schlecht stehen, sollten Sie Ruhe bewahren und in sich gehen.

Sechs auf viertem Platz: Er bleibt fröhlich und gesellt sich zu seinen Nachbarn, ohne seine Vorzüge zur Schau zu tragen.
Er ist wahrhaftig.

Wenn sie etwas Neues beginnen, könnten Sie sich im Nachteil befinden. Seien Sie im Umgang mit anderen Menschen offen und ehrlich, auch wenn es sich nur um flüchtige Bekanntschaften handelt.

Sechs auf fünftem Platz: König I gibt seine Tochter in die Ehe.
Das bringt Segen und großes Heil.

König Wens Schwiegervater hatte bestimmt, daß die kaiserlichen Prinzessinen, obwohl sie im Rang höher standen als ihre Gatten, ebenso den Gatten zu gehorchen hatten wie andere Ehefrauen. Anpassung des Hohen an das Niedrige, bzw. des Starken an das Schwache, kann Glück bringen. Eine Zeit der Anerkennung und der Eintracht.

Oben eine Sechs: Die Mauern fallen in den Graben.
Wende keine Gewalt an, sondern gib Befehle in Deiner eigenen Stadt.
Beharrlichkeit bringt Beschämung.

Ein Wandel vollzieht sich, sei es ohne Ihr Zutun, sei es, weil Sie Aktivitäten oder Beziehungen ungeachtet Ihres vorherigen Zusammenspiels auseinandergerissen haben. So könnte es etwa passieren, daß der Gouverneur einer Stadt den Auftrag erteilt, einen Stadtwall zu bauen und einen Graben auszuheben, ohne anzugeben, daß sie durch einen sicheren Abstand getrennt sein müssen. Die Folge davon wäre, daß der Wall zusammenbräche. Diese Linie deutet auf Schwierigkeiten aller Art, doch verbessert man eine gefährliche Situation durch eine bescheidene, gebende Haltung.

12
PI Die Stockung

Dieses Hexagramm versinnbildlicht Zerfall, Armut und Trennung. Kiën, der Führer (die Stärke, oben) wird von Kun, der schwachen, empfangenden Kraft, unterstützt. Die schöpferischen Kräfte können nicht wirksam werden. Es könnte also jemand beschrieben sein, der sich nach außen hin stark, laut und arrogant verhält, innerlich jedoch keine Stärke und Prinzipien besitzt, mit denen er seinen Handlungen Nachdruck verleihen kann.

Das Urteil

Die Stockung. Darin liegt kein Nutzen,
doch bleibt der Edle beharrlich.
Das Große geht, das Kleine kommt.

Die schöpferischen, ordnenden Kräfte, die in bestimmten Situationen wirksam werden, scheinen nun davonzugleiten; Verwirrung und Bitterkeit setzen ein. Es ist gegenwärtig wenig sinnvoll, zu handeln. Konzentrieren Sie sich darauf, die Dinge korrekt und mit Bescheidenheit weiterzuführen.

Das Bild

Himmel und Erde vereinigen sich nicht: Das Bild der Stockung.
Daher verbirgt der Edle seinen inneren Wert
und entgeht so der Gefahr.
Er läßt sich weder durch Gunst noch Reichtum verführen.

Man sollte sich nicht nur des Geldes oder eines gesellschaftlichen Aufstieges wegen auf eine Situation einlassen, die von engstirnigen, gemeinen Prinzipien beherrscht wird und in der skrupellose, niedriggesinnte Menschen das Sagen haben.

Das Hexagramm ist dem *Saturnprinzip* in der Astrologie vergleichbar, oder der taoistischen Vorstellung, daß «der Samen für Reichtum inmitten des Mißgeschickes verborgen liegt». Indem man die Not akzeptiert und sich bemüht, mit reinem Herzen und lauterer Absicht zu handeln, wird das innere Wesen verfeinert, und die Dinge entwickeln sich unmerklich zum Guten.

Die Linien

Anfangs eine Neun: Wenn das Gras ausreißt, kommen die Wurzeln mit.
Jeder bleibt sich selber treu.
Beharrlichkeit bringt Glück.

Sie könnten nun in eine stagnierende oder chaotische Lage hineingeraten, was an sich weder positiv noch negativ zu werten ist. Seien

Sie vorsichtig bei der Wahl Ihrer Mitarbeiter und nehmen Sie nichts Neues in Angriff. Vor allem aber vermeiden Sie alles, was auch nur im Entferntesten gegen den guten Geschmack verstößt.

Sechs auf zweitem Platz: Geduld und Ergebenheit.

Das bedeutet Heil für die kleinen Leute.

Dem großen Mann dient die Stockung zum Gelingen.

Destruktive, chaotische Kräfte sind hier am Werk. Sie sollten sich nicht mit Schwächeren abgeben oder eine defensive Haltung einnehmen. Wenn Sie starke Prinzipien haben, könnten Sie unter ihnen zu leiden haben. Nehmen Sie in Ihren Geschäften einen ruhigen, bescheidenen Standpunkt ein.

Sechs auf drittem Platz: Er ist beschämt.

Der Führer und alle Beteiligten schämen sich ihres Verhaltens, wollen es jedoch nicht ändern. Hüten Sie sich vor Verleumdung und Demütigung.

Neun auf viertem Platz: Wer im Einklang mit den höchsten Prinzipien handelt, bleibt ohne Schuld.

Gleichgesinnte genießen den Segen.

Die Zeit der Stockung nähert sich ihrem Ende. Nur wer mutig vorwärtsschreitet und sich von seinen Prinzipien leiten läßt, wird keinen weiteren Schaden anrichten. Und dann kann man auch andere mit seinen Prinzipien anspornen.

Neun auf fünftem Platz: Die Stockung läßt nach.

Heil für den großen Mann, der «Achtung, Achtung!» ruft.

Dadurch bindet er es an ein Bündel von Maulbeerstauden.

Nun ist eine Wende möglich, und es kann wieder Ordnung geschaffen werden. Dies erfordert Stärke und Tugend. Gehen Sie dabei mit Sorgfalt vor und achten Sie auf jedes Detail, dann festigen Sie Ihren Erfolg (Bild des Anbindens an die Maulbeerstauden). Es mag zwar scheinen, alles sei in Ordnung, doch können Sie zum jetzigen Zeitpunkt noch alles verlieren.

Oben eine Neun: Die Stockung hört auf.

Erst Stillstand, dann Heil.

Das Ende des Tunnels ist in Sicht. Allerdings kann es noch zu Schwierigkeiten, Sorgen oder einem Verlust kommen. Deshalb müssen Sie sich wirklich bemühen, auftretende Probleme zu überwinden. Am Schluß kommt alles in Ordnung.

13
TUNG JEN Die Gemeinschaft

Das Trigramm Kiën über dem Trigramm Li bedeutet Himmel über dem Feuer: zwei Kräfte, die sich gegenseitig in einer harmonischen Verbindung ergänzen. Ebenfalls darin enthalten ist die Vorstellung von der Sonne, die hell am Himmel leuchtet, was für den Bauern als Einzelperson und die Gesellschaft als Ganzes ein Segen ist. Die zweite schwache Linie vereint durch ihre zentrale Position die fünf Starken um sich und bezeichnet einen Menschen, der mit Sanftmut Einfluß auf seine Umgebung ausübt und mit Weisheit darum bemüht ist, eine friedliche Vereinigung der Menschen zu bewirken.

Das Urteil

Gemeinschaft mit Menschen im Freien: Erfolg.
Es ist förderlich, das große Wasser zu durchqueren.
Die Beharrlichkeit des Edlen führt zum Erfolg.

Im Urteil werden die Kenntnis der konstruktiven Prinzipien, die der menschlichen Gemeinschaft zugrundeliegen, sowie die Einheit der Menschheitsziele betont. Hierbei handelt es sich nicht um einen naiven Glauben, sondern um das Verständnis dafür, daß eine wirkliche Gemeinschaft nur aufgrund gemeinsamer Ziele und Aktivitäten zustandekommen kann und nicht, indem man eigene Interessen wahrnimmt. Wenn viele Mitglieder der Gemeinschaft dieses Verständnis besitzen, kann die Gemeinschaft dieses Verständnis besitzen, kann die Gemeinschaft unter der Leitung einer starken Person mit klaren Zielsetzungen große Leistungen vollbringen.

Das Bild

Die Flamme lodert zum Himmel: Das Bild der Gemeinschaft.
So gliedert der Edle die Stammesgemeinschaften
und unterscheidet die Dinge.

Himmel und Feuer sind ihrem Wesen nach grundverschieden, doch bewegen sich beide in die gleiche Richtung. Um die Gesellschaft zu strukturieren, müssen die Führer der Vielfalt ihrer unzähligen Teile Rechnung tragen und dürfen gleichzeitig nicht die kosmischen Gesetze außer acht lassen. Das Bild der gewaltigen Energie innerhalb zweier Naturkräfte soll darauf aufmerksam machen, daß sie sehr leicht außer Kontrolle geraten können.

Die Linien

Anfangs eine Neun: Gemeinschaft mit Menschen am Tor.
Das bringt keinen Nachteil.

Hier geht es um Menschen, die ohne Absicht zusammengekommen

sind und gemeinsame Ziele verfolgen. Sollten Sie mit anderen Menschen zusammenarbeiten, werden diese Ihnen entgegenkommen, sofern Sie verstehen, auf welchen Prinzipien diese Vereinigung basiert. Seien Sie offen und ehrlich.

Sechs auf zweitem Platz: Gemeinschaft innerhalb der Familie.
Beschämung.

Sie sollten sich bemühen, in Ihren sozialen Kontakten nicht elitär und exklusiv zu sein, was nur zu Parteiungen und Zerwürfnissen führt. Vermeiden Sie es, die Leute in kleinlicher und oberflächlicher Weise zu beurteilen und seien Sie möglichst offen gegenüber anderen Menschen. Verluste werden Sie höchstwahrscheinlich nicht erleiden, doch könnte es zu gewissen Einschränkungen kommen, die in Ihnen ein Gefühl der Bitterkeit wecken können.

Neun auf drittem Platz: Er versteckt die Waffen im Dickicht und erklimmt einen Berg.
Drei Jahre lang bleibt er im Versteck.

Ein Mensch, der anderen nicht traut und seinen Mitmenschen nachspioniert, entfremdet sich ihnen zusehends. Er kann sich auch nicht voll auf eine Gemeinschaft mit anderen einlassen, weil er zu individualistisch veranlagt ist. Das gegenseitige Mißtrauen wächst, und nur den Demütigen wird es jetzt gut ergehen.

Neun auf viertem Platz: Der Verteidiger besteigt den Wall,
doch kann er nicht angreifen. Heil.

Man nimmt eine defensive Haltung ein, realisiert jedoch, daß ein Kampf völlig absurd wäre. Aufgrund von Schwierigkeiten kommt man zur Besinnung, oder man schließt ein Projekt erfolgreich ab und stößt dann auf Schwierigkeiten.

Neun auf fünftem Platz: Zur Gemeinschaft gezwungen,
weinen und klagen sie erst.
Nachher aber lachen sie.
Nach großen Kämpfen finden sie zusammen.

Die Lage ist zwar noch ziemlich schwierig, doch bessert sie sich langsam. Eine neue Verbindung mag sich als mühsam erweisen, doch wird die Sache leichter, wenn man sich aneinander gewöhnt hat. Menschen, die sich lieben, jedoch durch die Umstände voneinander getrennt sind, dürfen nicht vergessen, daß es auf die innere Einheit und Verbundenheit ankommt. Dann werden sie auch wieder zusammenkommen.

Oben eine Neun: Gemeinschaft mit Menschen auf dem Felde.
Keine Reue.

Das Bild beschreibt eine Verbindung ohne inneren Zusammenhalt oder innere Wärme. Die Tatsache, daß eine gewisse Distanz besteht, legt nahe, daß man aus dieser Situation keine echte Befriedigung schöpfen kann.

14
DA JU Der Besitz von Großem

Das Feuer (Li) im Himmel (Kiën, unten) symbolisiert Ehre und Reichtum. Die schwache fünfte Linie befindet sich auf geehrtem Platz, was darauf hindeutet, daß großer Erfolg durch Bescheidenheit erreicht wird.

Das Urteil

Der Besitz von Großem bedeutet erhabenes Gelingen.

Die fünfte Linie *besitzt* die anderen, d.h. die Schwachen besitzen die Starken durch ihre uneigennützige Bescheidenheit. Dies ist eine Zeit beherrschter und maßvoller Stärke und der Erfüllung.

Das Bild

Feuer am Himmel oben:
Das Bild des Besitzes von Großem.
Der Edle hemmt das Böse und fördert das Gute.
Er wird gesegnet, weil er den Gesetzen des Himmels gehorcht.

Wenn man reich an geistigen oder materiellen Gütern ist, muß man ebenso vorsichtig handeln wie wenn man in Gefahr schwebt, sonst verwandelt sich das Glück in Selbstgefälligkeit, und ein schlechter Charakter bewirkt Böses. Die Sonne steht hoch am Himmel und wird bald verblassen. Wenn man das Gefühl hat, es fehle etwas, dann handelt es sich um einen geistigen Mangel.

Die Linien

Anfangs eine Neun:
Dem Bösen entgehen, das ist nicht ein Fehler.
Sieht man alle Gefahren, so macht man am Ende keinen Fehler.

Falls Sie nicht bereits großen Reichtum genießen, könnten Sie bald zu großem Wohlstand gelangen. Lassen Sie sich jedoch vom Wohlstand nicht zu unkorrektem Verhalten verleiten und bleiben Sie Ihren Prinzipien und Ihrer Intuition treu, dann können Sie allfällige Schwierigkeiten überwinden.

Neun auf zweitem Platz: Ein großer Wagen ist beladen.
Man kann fortschreiten. Kein Fehler.

Für manche Menschen ist ein solcher Besitz nur eine Last, der sie in ihrer Freiheit einschränkt. Für andere wiederum ist er ein Beweggrund zum Tätigwerden. Mit tüchtigen Helfern können Sie jetzt sinnvolle Ziele verwirklichen.

Neun auf drittem Platz: Ein großer Mann bringt dem König große Geschenke.
Ein kleiner Mann kann das nicht.

Menschen mit niedriger Gesinnung nutzen ihren Reichtum nur für persönliche Zwecke, während großzügige Menschen ihren Besitz zum Wohle der Allgemeinheit einsetzen. Für tatkräftige Menschen mit viel Energie ist jetzt ein günstiger Zeitpunkt, nicht jedoch für eher zurückhaltende Menschen.

Neun auf viertem Platz: Er macht einen Unterschied zwischen sich und seinem Nächsten. Kein Fehler.

Sie sollten sich vom Status und Besitz anderer nicht beeinflussen lassen und die Bedeutung materieller Unterschiede verstehen lernen.

Sechs auf fünftem Platz: Er läßt seine geistige Beweglichkeit durchscheinen und bleibt dabei doch würdig.
Heil.

Eine humanitäre, selbstlose Haltung wirkt oft verletzend auf andere Menschen, weil sie nicht die Regel ist. Deshalb sollte man sich zurückhalten. Die Zeit ist günstig, doch könnten Schwierigkeiten mit anderen Menschen auftreten.

Oben eine Neun: Vom Himmel her wird gesegnet.
Heil. Alles wendet sich zum Guten.

In dieser Zeit allgemeinen Fortschritts und Segens sollte man den Weisen ehren, der abseits des weltlichen Geschehens steht, und auch in Zeiten des Erfolgs eine bescheidene Haltung bewahren, Gott zum Danke und Lobe, in Anerkennung seines Segens.

15
KIËN Die Bescheidenheit

Das Bild des Zeichens ist ein Berg (Gen, unten), der sich weit über die große Ebene, die Erde (Kun) erhebt. Dies bedeutet, daß die wahre Bescheidenheit für alle sichtbar hervorragt. Der Berg ist der jüngste Sohn des Schöpferischen und bringt der Erde als solcher die himmlischen Gaben. Wahre Bescheidenheit zeichnet sich dadurch aus, daß man die Situation und seine eigene Psyche überprüft, und diese nach den höchsten Gesetzen ordnet. Die Erde über dem Berg beschreibt auch ein einfaches, unprätentiöses Wesen, einen Menschen, der geistig hochstehend ist.

Das Urteil

Bescheidenheit führt zum Erfolg.
Der Edle fährt fort bis zum Ende.

Höflichkeit und Bescheidenheit führen zum Erfolg und unterstützen einen Menschen, wenn er einmal Wohlstand oder gesellschaftlichen Rang und Namen erlangt hat. Der Weise erinnert sich immer daran, ungeachtet der Höhen und Tiefen, die er im Leben erfährt.

Das Bild

Ein Berg inmitten der Erde: Das Bild der Bescheidenheit.
Der Edle verringert, was zuviel,
und vermehrt, was zu wenig ist.
So wägt er die Dinge und macht sie gleich.

Berge werden langsam abgetragen, Täler durch Gletscher und Fluten angefüllt. Auch die Bescheidenheit wirkt unmerklich aber beständig. Aus diesem Grund galt die Bescheidenheit bei den Chinesen als die höchste Tugend.

Der Weise, der versteht, daß das Schicksal unausweichlich ist, paßt die Bedingungen und sich selbst an, um Extreme zu vermeiden, und bewahrt sich dadurch ein ausgeglichenes und harmonisches Leben. Wenn man das aber aus niedrigen Beweggründen heraus tut, sind unnötiger Ärger und Einschränkungen die Folge.

Die Linien

Anfangs eine Sechs: Der Edle, bescheiden hinsichtlich seiner Tugend, kann das große Wasser durchqueren. Heil.

Ein Mensch, der in bezug auf seine Fähigkeiten unbefangen ist, kann große Leistungen vollbringen. Diese Linien deuten auf neue Verantwortungsbereiche und Erfolg hin. Wenn die Umstände oder Ihr Instinkt Ihnen «nein» sagen, sollten Sie nichts unternehmen.

Sechs auf zweitem Platz: Bescheidenheit, die sich äußert.
Beharrlichkeit bringt Heil.

Es liegt in der Natur der Bescheidenheit, daß sie auf subtile und unaufdringliche Art wirkt. Hüten Sie sich vor Unbescheidenheit, falls Sie erfolgreich sind oder Anerkennung ernten. Sonst machen Sie sich unbeliebt und erleiden sogar einen Rückschritt. Denjenigen, die im Stillen wirken, ist Erfolg beschieden.

Sechs auf drittem Platz: Der Edle arbeitet mit Sorgfalt
und Bescheidenheit bis zur Vollendung. Heil.

Es liegt in der Natur der Bescheidenheit, daß sie auf subtile Art und Weise wirkt. Lassen Sie sich nicht durch Erfolg und Anerkennung zu einer unbescheidenen Haltung verleiten, sonst machen Sie sich unbeliebt und erleiden Rückschläge. Wenn Sie hingegen beharrlich und still weiterarbeiten, können Sie Fortschritte erzielen.

Sechs auf viertem Platz: Tätige Bescheidenheit ist in jeder Hinsicht förderlich.

Bescheidene Menschen, oder solche in einer bescheidenen Stellung, können leicht ihren Charakter oder ihre Stellung als Ausrede für ihre eigene Schwäche oder Unschlüssigkeit benutzen. Diese Schwäche ist alles andere als Bescheidenheit. Sie vermag höchstens noch schlechtere Lebensumstände zu schaffen oder versauert an sich gute Beziehungen. Die Linie ist somit eine Aufforderung zum Handeln, unter Wahrung aller Interessen, auch der der anderen. Damit werden Sie bedeutende Fortschritte erzielen.

Sechs auf fünftem Platz: Protze nicht mit deinem Reichtum.
Ein energischer Angriff ist förderlich.
Alles wirkt förderlich.

Jetzt ist es sinnvoll, energisch durchzugreifen, wenn die Situation es erfordert, auch wenn die entsprechenden Maßnahmen Ihnen sehr streng und hart vorkommen. Versuchen Sie, die Unterstützung der anderen zu gewinnen.

Oben eine Sechs: Bescheidenheit, die sich äußert.
Es ist förderlich, die Streitkräfte marschieren zu lassen,
selbst gegen sein eigenes Land.

Wenn Konflikte und Schwierigkeiten auftauchen, kann man sie überwinden, indem man in seiner eigenen Umgebung Ordnung schafft. Die Zeit erfordert Selbstkritik und Selbstzucht, auch wenn dies schmerzhaft ist. Nur mit unbarmherziger Selbsterkenntnis oder den entsprechenden Umständen kann man jetzt erfolgreich sein. Sollten Sie Erfolg haben, so hüten Sie sich, die Tugenden, die Ihnen überhaupt zum Erfolg verholfen haben, zu vergeuden.

Dschen, der Donner, über Kun, der Erde, deutet auf eine gewaltige Kreativität oder Begeisterung hin, vergleichbar mit guter Musik, die alle mitreißt. Das Hexagramm Yü warnt davor, mit der eigenen Energie sorglos und unüberlegt umzugehen, und warnt vor der Anwendung gewaltsamer Methoden.

Das Urteil

Die Begeisterung. Es ist förderlich, seine Geschäfte zu erledigen und Kräfte in Bewegung zu setzen.

Die Zeit ist günstig für die Vorbereitung und den Beginn neuer Projekte. Die Eigenschaften der Bewegung (Dschen) und der Hingabe (Kun) legen nahe, daß man dies mit Hilfe der Unterstützung anderer tue und dabei seine Vorstellungen an ihre Bedürfnisse anpasse.

Das Bild

Aus der Erde tönt der Donner empor: Das Bild der Begeisterung.
So machten die alten Könige Musik, um die Tugend zu preisen.
Sie brachten sie ehrfürchtig dem höchsten Gotte dar.
Dies in Anwesenheit der Geister ihrer Ahnen.

Musik vermag Emotionen zu lindern und Spannungen zu lösen, ähnlich wie ein Gewitter die Atmosphäre reinigt. Sie inspiriert und bewegt die Herzen der Menschen durch ihre geschickte Komposition, die in Einklang mit den höchsten Idealen erfolgen sollte. Die Betonung des religiösen Rituals in diesem Bild bedeutet, daß die gewaltigen Kräfte der Zeit nur durch das richtige Zusammenspiel geistiger und materieller (bzw. idealistischer und praktischer) Erwägungen stabilisiert werden können.

Die Linien

Anfangs eine Sechs: Begeisterung, die sich prunkvoll äußert, bringt Unheil.

Wenn man seinem Glück mit zuviel Begeisterung Ausdruck verleiht, wirkt man leicht verletzend, und wenn man auf seine guten Beziehungen stolz ist, leicht übermütig. Damit verdirbt man sich die besten Chancen und das größte Glück. Es gilt deshalb, bescheiden zu bleiben im Verhalten wie in der Lebensweise.

Sechs auf zweitem Platz:
Fest wie ein Fels.
Auch nicht einen Tag warten.
Beharrlichkeit bringt Heil.

Man muß standhaft wie ein Fels sein, um sich nicht von Illusionen betören oder von anderen Menschen mitreißen zu lassen. Zögern Sie nicht, unverzüglich zu handeln, sei dies, um einen Schritt vorwärts zu machen, oder sei es, um sich zurückzuziehen, und achten Sie dabei auf die Zeichen der Zeit. Diese Feinfühligkeit ist entscheidend und kann große Fortschritte bewirken.

Sechs auf drittem Platz:
Begeisterung für das Höhere führt zu Reue.
Zögern bringt Reue.

Vielleicht warten Sie auf die Zustimmung Ihres Chefs, einer geliebten Person, von jemandem, den Sie bewundern, oder auf irgendein *Zeichen vom Himmel.* Tun Sie es nicht! Sie bleiben sonst alleine zurück, ja möglicherweise ist das bereits geschehen. Erspüren Sie, ob ein Fortschritt oder Rückschritt bevorsteht, und handeln Sie entsprechend.

Neun auf viertem Platz: Die Quelle der Begeisterung.
Du vollbringst Großes: Zweifle nicht daran.
Freunde scharen sich um dich wie Haare um den Kamm.

Jemand, der durch seinen Einfluß und die eigene Sicherheit Begeisterung zu erwecken vermag, zieht die Menschen an wie die Zähne eines Kamms die Haare. Diese Person hat Erfolg, und andere profitieren auch davon.

Sechs auf fünftem Platz:
Chronisch krank und doch nicht sterbend.

Man fühlt sich unfähig, seine Ideen zum Ausdruck zu bringen oder sie in die Tat umzusetzen, weil man aufgrund von Problemen ständig belastet ist und sich unfrei fühlt. Kein Fortschritt, doch könnte man von der Hilfe anderer profitieren.

Oben eine Sechs: Verblendete Begeisterung.
Aber wenn man nach Vollendung des Zyklus den Kurs ändert, entsteht kein Schaden.

Wenn man sich von der Begeisterung blenden läßt, gerät man unweigerlich in Schwierigkeiten. Kommen Sie so rasch wie möglich wieder zu sich und betrachten Sie die Dinge mit Nüchternheit, sonst gibt es ein böses Erwachen.

17
SUI Die Nachfolge

Oben die jüngste Tochter (Dui) und unten der älteste Sohn (Dschen) bedeutet, daß ein älterer Mann sich unter ein junges Mädchen stellt und Rücksicht auf sie nimmt. Die beiden Trigramme weisen aufgrund ihrer Eigenschaften auch auf jemanden hin, der voll schöpferischer Kraft ist und glücklich und liebenswürdig zu sein scheint.

Das Urteil

Die Nachfolge bringt höchsten Erfolg.
Beharrlichkeit ist förderlich: Kein Fehler.

Will man ein mächtiger Führer werden, muß man sich den Forderungen der anderen anpassen, auch wenn sie noch so unsinnig oder unnötig sind. Geht man zynisch mit seinen Mitmenschen um, wird man am Fortkommen gehindert und man verursacht Konflikte. Schreiten Sie beharrlich vorwärts, damit die Harmonie und das Vertrauen unter Ihren Anhängern gewahrt bleiben.

Das Bild

Donner inmitten des Sees: Das Bild der Nachfolge.
Der Edle zieht sich bei Einbruch der Dunkelheit zurück
und ruht zu Hause aus.

Im Herbst (Sui) nimmt die Intensität des Lichts und der Kraft ab. Dies ist eine Zeit leichter Gewinne oder Verluste, wobei letzteres wahrscheinlicher ist. Gehen Sie dementsprechend sparsam mit Ihren Kräften um.

Die Linien

Anfangs eine Neun: Die Lage ändert sich.
Beharrlichkeit bringt Heil.
Hinausgehen und sich unter die Leute zu mischen, wirkt sich positiv aus.

Die Beziehung eines Menschen zu seinen Freunden ist Veränderungen unterworfen. Als Führer muß man sich zwar den Bedürfnissen seiner Mitmenschen anpassen, gleichzeitig muß man aber auch das Richtige tun. Allerdings ist man bei der Wahl seiner Freunde oder Aktivitäten zu exklusiv oder elitär.

Sechs auf zweitem Platz: Bleibt man beim kleinen Jungen,
verliert man den großen Mann.

Es geht darum, zwischen Regeln und Verhalten, die für eine private Beziehung gelten und solchen, die für eine geschäftliche oder öffentliche Situation angebracht sind, zu unterscheiden. Möglicherweise wird man vor die Wahl gestellt, zu bleiben – und so eine Chance zu verpassen –, oder zu gehen.

Neun auf drittem Platz: Bleibt man beim großen Mann,
verliert man den kleinen Jungen.
Durch Nachfolge findet man, was man sucht.
Beharrlichkeit bringt Heil.

Wenn man sich für den *höheren* Pfad entscheidet, verliert man das, was einem vertraut ist. Halten Sie jedoch an Ihren Zielen fest. Wenn Sie sich richtig verhalten, können Sie einen Gewinn erzielen.

Neun auf viertem Platz: Die Nachfolge schafft Erfolg.
Beharrlichkeit bringt Unheil.
Ehrlichkeit führt zu Klarheit. Kein Schaden.

Wer aufgrund seines Einflusses Erfolg gehabt und infolgedessen bestimmte Menschen angezogen hat, sollte diese sorgfältig überprüfen. Möglicherweise hat man ein übersteigertes Selbstwertgefühl. Wenn alles zu stimmen scheint, mag man durch Hilfe anderer Menschen Erfolg haben.

Neun auf fünftem Platz: Vertrauen in das Gute. Heil.

Die Linie bedeutet Beständigkeit, Korrektheit oder, daß man einen unerschütterlichen Ehrgeiz besitzt. Sie zeigt Beförderung und Erfolg an.

Oben eine Sechs: Er ist durch Treue gebunden.
Er wird dem Westberg dargeboten.

Ein Platz im Ahnentempel der königlichen Herrscherfamilie auf dem Westberg galt als die höchste Ehre – aber erst, wenn man gestorben war. Es ist ein Mensch beschrieben, der von seiner Stellung zurücktreten sollte. Hüten Sie sich vor Verlust, Konflikt oder Krankheit.

Sun, der Wind (unten), tobt am Fuße des Berges (Gen, oben) und bringt damit Zerstörung: Gras und Büsche werden entwurzelt und Obstgärten zerstört. Auf den Winter (Gen) folgt jedoch der Frühling (Sun), was auf eine Veränderung hindeutet, doch muß harte Arbeit geleistet werden. Hinsichtlich bestehender Geschäfte, Gemeinschaften oder Beziehungen verweist Sun auf grundsätzlich schlechte oder disharmonische Verhältnisse.

Das Urteil

Die Wiederherstellung des Verdorbenen bringt großen Erfolg.
Es ist förderlich, das große Wasser zu durchqueren.
Drei Tage vor Beginn.
Drei Tage nach Beginn.

Die Verluste bzw. Schwierigkeiten, unter denen Sie gegenwärtig zu leiden haben, sind größtenteils auf Ihre eigene Haltung und Ihr Verhalten zurückzuführen. Entweder waren Sie verwirrt und haben Verpflichtungen nicht wahrgenommen oder aber Sie waren unehrlich und zwiespältig. Der Ruin scheint unvermeidlich. Aber gerade deshalb gilt dieses Hexagramm als günstiges Vorzeichen. Mit anderen Worten, es handelt sich hierbei nicht um unabänderliches Geschick, sondern man kann durch entschlossenes und energisches Vorgehen den Schaden wiedergutmachen. Allerdings müssen Sie unbedingt vor und nach dem Beginnen gut überlegen, was Sie tun.

Das Bild

Stürmischer Wind am Fuße des Berges:
Das Bild des Verderbens.
So rüttelt der Edle die Leute auf und stärkt ihren Geist.

Wenn alles zerstört worden ist oder kurz vor der Zerstörung steht, muß der Weise hart arbeiten, um die Ordnung wiederherzustellen. Er muß die Menschen aufrütteln, damit solide und gute Bedingungen geschaffen werden können.

Die Linien

Anfangs eine Sechs: Die vom Vater verursachte Zerstörung wird vom Sohn wiedergutgemacht.
Hat er Erfolg, so trifft den Vater keine Schuld.
Gefahr, doch am Ende Heil.

Wer an überholten Normen oder Gewohnheiten festhält und sie nicht in Frage stellt, kann auf die gegenwärtige Situation nicht direkt und sinnvoll reagieren. Der Zerfall hat eingesetzt, doch kann er rückgängig gemacht werden, bevor er alle und alles in Mitleidenschaft gezogen hat. Allerdings birgt die nötige Reform ihre eigenen Gefahren – besonders die der Sorglosigkeit und Unachtsamkeit, was sehr weitreichende Folgen hätte.

Neun auf zweitem Platz: Bei der Wiedergutmachung des von der Mutter Zerstörten sei nicht allzu beharrlich.

Eine ernstzunehmende Schwäche hat zu dieser Situation geführt; daher ist eine Änderung Ihres Standpunktes vonnöten.

Neun auf drittem Platz: Wiederherstellung des vom Vater Zerstörten.
Ein wenig Reue wird es geben, jedoch keinen Schaden.

Eine übertriebene Korrektur vergangener Fehler führt erneut zu Fehlern und löst Kritik aus.

Sechs auf viertem Platz: Man übersieht den vom Vater angerichteten Schaden.
Wer fortfährt, wird bereuen.

Die Dinge haben sich verschlechtert, und weil Sie die Symptome sowie ihre Ursache übersehen, werden sie sich weiterhin verschlechtern. Es besteht zwar durchaus die Möglichkeit, Fehler zu korrigieren, doch sind es vor allem Ihre eigenen Fehler, und die sind nur schwer zu ergründen.

Sechs auf fünftem Platz: Wiederherstellung des vom Vater angerichteten Schadens.
Man erntet Lob.

Wenn Sie in der Lage sind, eine längst fällige Reform durchzuführen, finden Sie die Zustimmung und Anerkennung von Freunden und Kollegen. Fortschritte und neue Projekte sind jetzt möglich.

Oben eine Neun: Er dient nicht Königen und Fürsten,
sondern steckt sich höhere Ziele.

Viele Menschen betrachten die Vergangenheit mit Abscheu oder erkennen nicht, daß gegenwärtig etwas nicht stimmt. Konzentrieren Sie sich auf höhere Ziele und erlahmen Sie nicht. Dies ist keine Zeit für Unternehmungen im Alleingang.

19
LIN Die Beschämung

Das Bild von Dui, der jüngsten Tochter, unter bzw. hinter Kun, der Mutter, beschreibt milde und gütige Autorität sowie die richtige Beziehung zwischen zwei Menschen, von denen der eine *über* dem anderen steht.

Das Urteil

Die Annäherung: Großes Gelingen.
Beharrlichkeit ist förderlich.
Kommt der achte Monat, so gibt es Unheil.

Die beiden starken Linien am Anfang des Hexagramms deuten auf Wachstum und Energie hin, also eine Zeit des Gedeihens. Aber die Warnung in bezug auf den achten Monat bedeutet, daß man auf die Zeichen der Zeit achten sollte.

Das Bild

Der See inmitten der Erde: Das Bild der Annäherung (Fruchtbarkeit).
So ist des Edlen Nahrung unerschöpflich,
und ohne Grenzen schützt und nährt er das Volk.

Die Erde über dem See symbolisiert die erhöhte Position des einen, der sich dem Tieferstehenden annähert und sich zu ihm herabläßt. Damit wird das Verhalten gegenüber anderen Menschen beschrieben. Der richtige Weg besteht darin, selbst mit gutem Beispiel voranzugehen und alles, auch das, was sich unter einem befindet, zu berücksichtigen.

Die Linien

Anfangs eine Neun: Gemeinsame Annäherung.
Beharrlichkeit bringt Heil.

Die Lage bessert sich, wenn man sich nicht von Gunstbeweisen verleiten läßt. Suchen Sie, wenn möglich, den Rat einer höheren Instanz oder Autoritätsperson, dann haben Sie gute Aussichten auf Erfolg.

Neun auf zweitem Platz: Gemeinsame Annäherung.
Alles wendet sich zum Guten.

Hier ist jemand beschrieben, der fröhlich ist, die nötige Kraft und den Willen zum Erfolg besitzt und die Gesetze des Lebens versteht. Eine günstige Zeit.

Sechs auf drittem Platz:
Unbekümmerte Annäherung. Aussichtslos.
Wenn man Trauer empfinden kann, entsteht kein Schaden.

Wer eine sichere Position erreicht hat, wird leicht übermütig und sorglos und kann damit auf andere verletzend wirken. Mit einer Haltungsänderung lenkt man alles zum Guten. Eine Zeit der Sorgen und der Trauer ohne große Fortschritte.

Sechs auf viertem Platz: Offene Annäherung. Kein Schaden.

Beruflich gesehen ist Ihnen die Gunst Ihres Vorgesetzten sicher und Erfolg beschieden. Es herrschen harmonische Grundbedingungen.

Sechs auf fünftem Platz: Weise Annäherung, eines großen Fürsten würdig.
Heil.

Ein Führer muß richtig delegieren können. Deshalb sollte man die Persönlichkeit derjenigen, die einem nützlich bzw. wichtig sind, genau prüfen. Erfolg ohne große Anstrengungen.

Oben eine Sechs: Ehrliche und großzügige Annäherung bringt Heil.
Kein Schaden.

Sie sollten zu etwas oder jemandem zurückkehren, den oder das Sie zurückgelassen haben, damit andere Menschen auch vom Reichtum Ihrer Erfahrungen profitieren können. Diese Linie beschreibt Erfolg und Harmonie.

20
GUAN Die Betrachtung

Der Wind (Sun) über der Erde (Kun) läßt an den Wind denken, der Staub aufwirbelt, beziehungsweise an die fruchtlosen Bemühungen der Luft (geistige Tätigkeit), die Erde (materielle Dinge) zu ordnen. Dies ist nicht die Zeit, Neues in Angriff zu nehmen. Vielmehr sollten Sie sich Ihren Geschäften widmen, so wie die Bauern ehemals Ende September bis Mitte Oktober die Ernte einbrachten und mit der mühseligen Arbeit begannen, ihre Werkzeuge zu reparieren und sich auf das nächste Jahr vorzubereiten.

Das Urteil

Die Betrachtung. Die Waschung ist geschehen,
nicht jedoch das Opfer.
Die Menschen blicken ehrfürchtig hinauf.

Hier wird auf den Augenblick zwischen der rituellen Waschung und dem Opfer angespielt. Wer die Verantwortung für Projekte trägt oder Einfluß auf andere Menschen ausübt, sollte seine Pflichten mit großer Feinfühligkeit wahrnehmen. Die Form des Hexagramms, die an einen alten chinesischen Turm erinnert, symbolisiert auch das Tao – den Weg oder das Tor, durch das alle Dinge hindurchgehen oder, anders ausgedrückt, den Weg durch den sich wandelnden Kosmos. Das verstärkt die Vorstellung der Betrachtung, denn das Tao ist ein allgemeingültiges Symbol für alle, die wie die Zuschauer beim Opfer ehrfürchtig nach oben blicken. Es geht hier also nicht nur um jemanden, der meditiert (oder, weltlicher ausgedrückt, jemanden, der die Dinge in ihrer ganzen Tiefe betrachtet), sondern auch um das, was betrachtet wird, den Gegenstand der Betrachtung.

Das Bild

Der Wind über der Erde: Das Bild der Betrachtung.
So reisen die Edlen über die Grenzen hinweg,
betrachten die Völker der Erde und belehren sie.

Das Bild bezieht sich auf die Reise der chinesischen Herrscher, die sie regelmäßig unternahmen, um *zu den Wurzeln zurückzukehren,* damit ihnen keine Sitte des Volkes entgehe (betrachten), und um ihren Einfluß geltend zu machen (von dem Volk betrachtet zu werden). Ein starker, einflußreicher und weiser Mensch ist aufgrund einer eingehenden und vorurteilslosen Betrachtung und Erforschung der Sachlage imstande, großen Nutzen zu bewirken. Auch hier haben wir das Symbol des Tao, des Tores zur *ewigen Gegenwart* sowie des Symboles der Klarheit und des Gleichgewichtes.

Die Linien

Anfangs eine Sechs: Kindliches Betrachten.
Für einen geringen Menschen keine Schuld.
Für einen Edlen Reue.

Mit einer oberflächlichen Betrachtungsweise vermag man die edlen Menschen nicht zu verstehen. Dies ist allerdings unbedeutend für Menschen, die sich in ihren Handlungen von einem weisen Führer leiten lassen. Verlieren Sie in Ihrem Denken nicht den Realitätsbezug und erwarten Sie keine großen Erfolge.

Sechs auf zweitem Platz: Betrachtung durch einen Türspalt.
Beharrlichkeit ist förderlich für die Tätigkeiten der Frau.

Hier wird ein engstirniger, egoistischer Standpunkt beschrieben. Dieser ist nur für die Tätigkeiten der Frau im Haushalt angebracht. Es ist jetzt besser, sich mit bescheidenen Dingen zu beschäftigen. Schwierigkeiten bei der Arbeit erfordern volle Konzentration.

Sechs auf drittem Platz: Betrachtung des eigenen Lebens
entscheidet über Fortschritt oder Rückzug.

Hier ist Selbstbeherrschung angezeigt, doch ist diese nicht zu verwechseln mit ängstlichem Egoismus (die Gefahr dazu besteht allerdings). Objektive Selbstanalyse ist der Schlüssel zum richtigen Entscheid. Eine Zeit der Höhen und Tiefen. Seien Sie vorsichtig.

Sechs auf viertem Platz: Betrachtung des Ruhmes des Reiches.
Förderlich ist Wissen und Einfluß auf den Herrscher.

Der Mensch, der hier geschildert wird, ist aufgrund seiner ausgewogenen Beurteilung der Vergangenheit und der Zukunft, bzw. der Form und des Inhaltes von Strukturen (etwa der Organisation einer staatlichen Institution) in der Lage, soziale Prozesse zu verstehen, und sollte infolgedessen mit Respekt und nicht als Untergebener behandelt werden. Man könnte in den Genuß einer Reise oder Beförderung kommen.

Neun auf fünftem Platz: Betrachtung des Selbst.
Der Edle erleidet keinen Schaden.

Um der zwar ausgewogenen, jedoch durchaus egoistischen Sichtweise, die hier beschrieben wird, entgegenzuwirken, sollte man sich bemühen, in allem, was man tut, Gutes zu bewirken. Erfolg.

Oben eine Neun: Betrachtung des Lebens.
Den Edlen trifft keine Schuld.

Alle persönlichen Gefühle sind ausgeschaltet: Entweder, weil es sich um einen weisen, starken Menschen handelt, oder weil man aufgrund seiner nüchternen Haltung dem Leben gegenüber glaubt, man sei über die häßlichen Aspekte des Lebens erhaben. Hier liegt der Unterschied zwischen dem Edelgesinnten und dem emotionalen Poseur. Schwierigkeiten und keine Fortschritte, jedoch möglicherweise Erholung.

21
SCHÏ HO Das Durchbeißen

In diesem Zeichen sind die Eigenschaften von Li (dem Feuer, oben) und Dschen (dem Donner, unten) miteinander verbunden. Die Form des Hexagramms deutet kräftiges Kauen an (dank dessen man Hindernisse durchbeißen kann). Das Bild weist also auf Anfangsschwierigkeiten hin.

Das Urteil

Das Durchbeißen: Erfolg.
Es ist förderlich, Gerechtigkeit walten zu lassen.

Die Form des Hexagramms erinnert an einen geöffneten Mund, zwischen dessen Zähnen sich ein Hindernis befindet. Das Urteil besagt demnach, daß man das Hindernis energisch durchbeißen muß, will man eine Vereinigung herbeiführen. Ferner besteht das Hexagramm aus den beiden Zeichen für das Haftende und das Erregende, wobei ersteres empfangend, letzteres hart ist. Mit diesen Eigenschaften versinnbildlichen die beiden Trigramme das Gleichgewicht, das erreicht werden soll, indem man «Gerechtigkeit walten läßt». Demnach sollte man zwar mit Entschiedenheit, nicht jedoch übereilt, streng oder parteiisch vorgehen und sämtliche Faktoren berücksichtigen.

Das Bild

Donner und Blitz: Das Bild des Durchbeißens.
So sorgten die früheren Könige für die Anwendung der Gesetze durch klare und gerechte Strafen.

Donner und Blitz symbolisieren zwei wichtige Aspekte der Strafe: Der Donner flößt Schrecken und Respekt ein, und für die Durchsetzung der Gesetze ist es entscheidend, daß die Menschen Respekt vor der Strafe haben. Der Blitz ist Sinnbild der Klarheit, und Klarheit ist wichtig bei der Anwendung der Gesetze, damit die Strafen gerecht sind. Das Bild deutet somit darauf hin, daß die Ordnung nur dadurch wiederhergestellt werden kann, daß man klare und gerechte Strafen durchsetzt bzw. klare Richtlinien aufstellt, wenn man die entsprechende Position dazu hat. Wenn nicht, gilt es, die betreffende Person in diesem Sinne zu unterstützen.

Die Linien

Anfangs eine Neun: Seine Füße in den Blöcken,
so daß die Zehen verschwinden.
Keine Schuld.

Dies ist eine Zeit des Verlustes oder gar der Bestrafung für vergangene Vergehen, seien es nun echte oder eingebildete. Anhaltende Unehrlichkeit in einer Beziehung zerstört allmählich die Bande zwischen den Parteien. Mit Vorsicht kann die Beziehung gerettet oder sogar völlig wiederhergestellt werden.

Sechs auf zweitem Platz: Er beißt durch das zarte Fleisch, so daß seine Nase verschwindet. Kein Schaden.

Man wird ungerecht behandelt oder muß sich entscheiden, ob man ein Unrecht wiedergutmachen möchte. Die Entscheidung ist zwar einfach, doch könnte man dermaßen in Wut geraten, weil die Dinge so extrem schlecht stehen, daß man überreagiert.

Sechs auf drittem Platz: Beim Beißen auf Trockenfleisch trifft er auf Faules.
Ein wenig Reue, doch kein Schaden.

Das Fleisch symbolisiert ein Problem, das entweder alt oder zäh ist. Dadurch, daß Sie sich damit beschäftigen, ziehen Sie sich giftigen Haß zu, doch akzeptieren die anderen Ihr Verhalten, wenn Sie korrekt handeln.

Neun auf viertem Platz: Er beißt auf getrocknetes Knorpelfleisch. Er erhält Münzen und Waffen.
Im Bewußtsein der Schwierigkeiten fortzufahren ist förderlich. Heil.

Große Schwierigkeiten und mächtige Gegner müssen überwunden werden. Bleiben Sie hart und übertreiben Sie nicht, dann erwartet Sie ein Gewinn.

Sechs auf fünftem Platz: Beim Beißen auf mageres Dörrfleisch trifft er auf Gold.
Im Bewußtsein der Gefahr den eingeschlagenen Weg fortsetzen. Kein Schaden.

Mit ständiger Nachsicht kann man sich nicht durchsetzen, im Gegenteil, es entstehen nur Probleme. Wenn man das Gesetz nicht richtig anwendet, wird die Stabilität der Gesellschaft untergraben; ebenso untergräbt man seinen Charakter, wenn man sich nicht mit Sicherheit und Zurückhaltung von seinen Prinzipien leiten läßt. Das heißt also, daß Sie Ihren Verpflichtungen nachkommen sollten. Eine fruchtbare Zeit.

Oben eine Neun: Steckt mit dem Hals unter dem Joch, so daß seine Ohren verschwinden. Unheil.

Diese Linie bezieht sich auf einen unverbesserlichen Schurken. Weil er gegen alle Warnungen taub war, haben sich kleine Übeltaten angehäuft, was zu Konflikten, Verleumdung und allgemeiner Unbeliebtheit führt. Möglicherweise verliert man sogar seine Stelle.

22
BI Die Anmut

Das obere Trigramm stellt den Berg (Gen), das untere das Feuer (Li) dar: Das ergibt das Bild der Sonne, die auf den Fuß des Berges scheint und alles erleuchtet. Dieselbe Vorstellung der Erleuchtung findet sich im Symbol des Feuers auf dem Berg. Bezieht man die Eigenschaften von Gen und Li auf Personen, so erhält man den jüngsten Sohn und die mittlere Tochter – also ein junges Paar. Diese Bilder verweisen auf Schönheit und Energie, die erhalten bleiben, wenn man in der Gestaltung seiner Umwelt seinen Schönheitssinn walten läßt. Die Verbindung eines jungen Mannes mit einer Frau, die ins mittlere Alter kommt, während er immer noch jung und unverantwortlich ist, warnt davor, Schönheit oder Beständigkeit für selbstverständlich zu halten.

Das Urteil

Die Anmut: Erfolg in kleinen Unternehmungen.

Mit der Struktur des Hexagramms wird eher die Form als der Inhalt betont. Somit sind nur kleine Projekte begünstigt. In chinesischen Kommentaren hat man auf die mit der Anmut verbundene Idee der Betrachtung oder Klarheit hingewiesen (ein Gewinn, den man mit dem Anblick eines schönen oder gefälligen Gegenstandes assoziiert) und gleichzeitig betont, daß die Kunst sozusagen nur der Guß auf dem Kuchen der Realität sei, also nichts zu tun habe mit den Grundtatsachen des Lebens.

Das Bild

Unten am Berg brennt das Feuer: Das Bild der Anmut.
So erklärt der Edle die laufenden Angelegenheiten,
aber er wagt es nicht, große Streitfragen zu entscheiden.

Kleinere Angelegenheiten, die nicht von dauernder Bedeutung sind, können jetzt in Ordnung gebracht werden; dabei können Anmut und ein Sinn für Ästhetik hilfreich sein. Große Geschäfte oder Veränderungen sollte man jedoch jetzt sein lassen.

Die Linien

Anfangs eine Neun: Er schmückt seine Zehen, entläßt den Wagen und geht zu Fuß.

Das Bild des Gehens deutet auf die praktische Notwendigkeit hin, mit Demut fortzuschreiten, ohne prätentiöse Allüren anzunehmen. Es erwartet Sie eine aktive Zeit, vielleicht eine Reise, und Sie müssen mit Schwierigkeiten rechnen.

Sechs auf zweitem Platz: Er pflegt seinen Bart.

Sich um seinen Bart (eine reine Zierde) zu kümmern bedeutet, daß man in kleinlicher und eitler Weise mit sich selber beschäftigt ist. Vergessen Sie nicht, daß die Form nur die Folgeerscheinung von tieferliegenden ernsthafteren Dingen ist. Lassen Sie sich nicht so stark auf Oberflächlichkeiten ein, daß Sie mehr zu sein scheinen, als Sie wirklich sind.

Neun auf drittem Platz: Anmutig und feucht.
Fortfahren mit Beharrlichkeit bringt Heil.

Diese Linie beschreibt jemanden, der vom Trinken *feucht* ist. Wer sich in einer angenehmen Situation befindet, sollte weder seine materiellen Verpflichtungen vergessen noch das Vergnügen unnötig zu verlängern suchen. Eine Zeit leichten, wenn auch unspektakulären Erfolges.

Neun auf viertem Platz: Anmut oder Einfachheit?
Ein weißes Pferd kommt wie geflogen.
Es trägt nicht einen Räuber, sondern einen ernsthaften Freier.

Man fühlt sich hin- und hergerissen zwischen den Reizen großer Beliebtheit (was einem das Gefühl gibt, erfolgreich zu sein, obwohl man sich eher *verloren* fühlt) und der einfachen, engen Verbindung mit einem Freund oder einigen wenigen guten Freunden. Das geflügelte Pferd, Symbol der Einfachheit und der transzendenten Macht der Liebe, bedeutet, daß äußere Anzeichen bestehen, die auf einen einfacheren Lebensstil hinweisen.

Sechs auf fünftem Platz: Anmut in den Hügeln und Gärten.
Sein Seidenbündel ist ärmlich und klein.
Beschämung, doch schließlich Heil.

Sucht man Zugang zu einer *höheren* Lebensweise oder einem neuen Milieu, stößt man zunächst auf Schwierigkeiten. Nächstenliebe und Ehrlichkeit sind jedoch wichtiger als materielle Gleichheit, und am Ende wendet sich alles zum Guten. Keine bedeutenden Erfolge.

Oben eine Neun: Schlichte Anmut. Kein Schaden.

Form und Inhalt befinden sich im Gleichgewicht und bilden eine erkennbare Einheit. Sie sollten sich auf einfache Aufgaben beschränken, dann haben Sie Erfolg.

23
BO Der Zerfall

Das Zeichen ist dem Herbst zugeordnet, also der Jahreszeit, in der alles zu verwelken und abzusterben beginnt, und bedeutet somit Zerfall, Auflösung und Unheil. Die fünf Yinlinien sind die schwachen, dunklen Kräfte, die nach oben steigen, um das Starke zu Fall zu bringen. Die Form des Hexagramms läßt an ein Haus denken, von dem nur noch die Wände und das Dach übriggebliebeben sind. Die Struktur ist zwar noch vorhanden, doch kann sie jederzeit zusammenbrechen.

Das Urteil

Der Zerfall. Handeln ist jetzt nicht förderlich.

Die schöpferische Kraft (Yanglinie) ist im Begriff, von den aufrührerischen Elementen unter ihr verdrängt zu werden. Es ist deshalb nicht ratsam, jetzt etwas zu unternehmen. Setzen Sie Ihre Energie für andere, nicht jedoch für Ihre eigenen Geschäfte ein, da diese unter einem schlechten Stern stehen.

Das Bild

Der Berg auf der Erde: Das Bild des Zerfalls.
Die Edlen können nur durch Wohltätigkeit gegenüber
den Schwächeren ihre Stellung sichern.

Gen, der Berg, ist den abnützenden Stürmen der Natur ausgesetzt, wenn er sich auf Kun, der Erde, befindet. Tragen Sie Ihre Probleme mit Würde und bleiben Sie korrekt und uneigennützig in Ihrem Verhalten, denn Sie können zwar die jetzige Lage nicht zum Erfolg führen, doch können Sie mit absoluter Aufrichtigkeit und Korrektheit wenigstens eine Katastrophe verhindern.

Die Linien

Anfangs eine Sechs: Die Beine des Bettes zersplittern.
Beharrlichkeit bringt Zerstörung. Unheil.

Sie können nichts anderes tun als warten. Wenn Sie jetzt handeln, führt Sie das ins Verderben, denn die gegenwärtig herrschenden Bedingungen sind zwingend, wenn auch möglicherweise ungerecht.

Sechs auf zweitem Platz: Das Bettgestell zerfällt.
Beharrlichkeit bringt Zerstörung. Unheil.

Der Aufstieg des Schwächeren und Gefährlichen geht weiter. Beachten Sie die Zeichen bevorstehenden Unglücks und handeln Sie unverzüglich. Allerdings könnten sich die Umstände als stärker erweisen, selbst wenn Sie alle Ihre Kräfte einsetzen.

Sechs auf drittem Platz:
Er ist unter denen, die das Bett umstürzen.
Keine Schuld.

Sie erkennen das Übel, sind jedoch auch äußerlich damit verbunden, und sollten daher einen Kompromiß anstreben oder versuchen, sich auf ungewöhnliche oder unerwartete Weise aus der Affäre zu ziehen. Hiermit ist keine Schuld verbunden.

Sechs auf viertem Platz: Das Bett ist umgestürzt und erdrückt den, der darin liegt. Unheil.

Man kann das Unglück nicht länger vermeiden.

Sechs auf fünftem Platz: Eine Handvoll Fische.
Gunst durch die Frauen des königlichen Hofes.
Alles ist förderlich.

Die oberste, schwache Linie, die die anderen wie Fische an der Leine führt, fügt sich dem starken, führenden Element wie Kammerfrauen ihrer Fürstin. Erfolg und Anerkennung.

Oben eine Neun: Eine große Frucht wurde noch nicht gegessen.
Der Edle wird getragen, wie von einem Wagen.
Das Haus des Gemeinen zerfällt.

Das Unglück hat sich gelegt, und nun ernten Sie die Früchte Ihres Leides. Eine Person von edler Gesinnung sieht ihren Einfluß wachsen und wird von anderen unterstützt. Ein Mensch von niedriger Gesinnung, unfähig oder nicht bereit, aus seinen Erfahrungen zu lernen, sieht sich von einem noch größeren Unglück befallen. Die Botschaft lautet: Versuchen Sie, alle Ihre Erfahrungen zu verstehen und auf sie sensibel und sinnvoll zu reagieren. In den Ergebnissen der letzten Zeit liegen die Samen der Zukunft. Nehmen Sie sie, doch halten Sie nicht fest an den leeren Hülsen vergangener Ideale und Ziele.

24
FU Die Wiederkehr

Fu bedeutet das Ende der dunklen Zeit, denn auf die Wintersonnenwende, den Punkt tiefster Lebenskraft, folgt eine neue Zeit des Lichts. Die einzige starke Linie auf dem untersten Platz stellt die warme, schöpferische Yangkraft dar, die nach oben steigt. Das untere Trigramm Dschen (Holz) inmitten von Kun (Erde) symbolisiert die Wurzeln einer Pflanze. Das vermittelt die Vorstellung bevorstehenden Wachstums, neuer Möglichkeiten und potentiellen Erfolges.

Das Urteil

Die Wiederkehr: Erfolg.
Es ist kein Fehler, hinauszugehen und wieder hereinzukommen.
Freunde kommen ohne Schaden.
Der Weg des Tao geht hin und her.
Am siebten Tag erfolgt die Wiederkehr.
Unternehmungen sind erfolgreich.

Die schöpferischen Kräfte kehren nun, nachdem sie nachgelassen hatten, wieder zurück. Gleichgesinnte vereinigen sich, um gemeinsame Projekte durchzuführen: Das spiegelt die Bewegung des Tao wider. Die siebente Stufe ist die der Wiederkehr. Auf den alten Zyklus folgt ein neuer.

Das Bild

Donner inmitten der Erde: Das Bild der Wiederkehr.
In alten Zeiten schlossen die Könige zur Zeit der Sonnenwende die Pässe.
Händler und Reisende unterbrachen ihre Reise.
Der Herrscher besuchte seine Provinzen nicht.

Die Wintersonnenwende ist die Ruhezeit des Jahres, und im Winter ist die Lebenskraft noch unter der Erde, was bedeutet, daß alles mit Vorsicht angegangen werden muß und daß man nichts überstürzen sollte. Man kann eine Knospe nicht zwingen, sich zu öffnen, doch kann man den Boden für ihr künftiges Wachstum vorbereiten. Gute Aussichten für bestehende Geschäfte, doch ist die Zeit weniger günstig für gänzlich neue Projekte.

Die Linien

Anfangs eine Neun: Wiederkehr aus geringer Entfernung.
Kein Zeichen der Schuld.
Großes Heil.

Man ist vom rechten Pfad abgewichen und sollte diese kleine Abweichung korrigieren, bevor größeres Unheil geschieht. Eine Zeit materiellen Gewinns.

Sechs auf zweitem Platz: Stille Wiederkehr bringt Glück.

Etwas Aufregendes liegt in der Luft. Sie spüren kreative Kräfte in sich aufsteigen und ahnen das unmittelbar Bevorstehende. Seien Sie empfänglich gegenüber neuen Einflüssen und den kreativen Ideen Ihrer Mitmenschen, auch wenn das bedeutet, daß Sie Ihren Stolz hinunterschlucken müssen.

Sechs auf drittem Platz: Mehrfache Wiederkehr.
Gefahr, aber keine Schuld.

Bei dieser Linie geht es *zwei Schritte vorwärts, drei Schritte zurück.* Es wird ein Mensch beschrieben, der aufgrund seiner Unsicherheit seinen Weg vorwärts immer wieder versäumt und sogar eindeutig Rückschritte macht. Dies ist für andere nicht schädlich und kann sich durchaus zum Besseren wandeln. Veränderung ohne große Erfolge oder Mißerfolge.

Sechs auf viertem Platz: Man wandelt inmitten der anderen,
kehrt aber allein zurück.

Eine Wendung zum Besseren – für die anderen vielleicht nicht offensichtlich – treibt Sie zur Tat. Dies mag dazu führen, daß sich andere von Ihnen abwenden, doch ist es ganz sicherlich das Beste.

Sechs auf fünftem Platz: Ehrenvolle Wiederkehr. Keine Schuld.

Setzen Sie sich sachlich und ehrlich mit Ihren Fehlern auseinander. Sollte ein Zugeständnis notwendig sein, so machen Sie es. Ihre Reaktionen werden großen Einfluß haben. Gute Aussichten, doch sind kleinere Verluste möglich.

Oben eine Sechs: Verfehlte Wiederkehr.
Unglück von außen und innen.
Wenn man die Streitkräfte marschieren ließe, erlitten sie eine große Niederlage: Der Herrscher wäre besiegt und zehn Jahre außerstande zu regieren.

Sie haben die Gelegenheit bzw. den richtigen Augenblick verpaßt. Nun können Sie nichts tun, ohne die Dinge zehnmal schlimmer zu machen. Eine ruhige, bescheidene und reumütige Haltung ist jetzt angebracht.

25
WU WANG Die Unschuld

Oben ist Kiën, das schöpferische, himmlische Gesetz, unten Dschen, Bewegung und Kraft. Somit folgt die Energie den Gesetzen des Himmels, eine natürliche und glückliche Sachlage, die für neue Projekte günstig ist.

Das Urteil

Die Unschuld: Großer Erfolg.
Beharrlichkeit ist förderlich.
Wer nicht ist, wie er sein sollte, hat Unglück.
Es ist nicht förderlich, etwas zu unternehmen.

Die Reinheit und Güte der wahren Unschuld bringt Erfolg, wenn man beharrlich fortfährt, weil man sich in Einklang mit dem Willen des Himmels befindet. Wenn man jedoch nur vorgibt, natürlich oder gutmütig zu sein, oder wenn man seine Intuition zugunsten *politischer* oder praktischer Erwägungen zurückstellt, so ist das keineswegs förderlich und führt dazu, daß man in zunehmendem Maße die Verbindung zu seinem Innersten – und damit zu seinem eigenen Weg – verliert.

Das Bild

Unter dem Himmel grollt der Donner: Das Bild der Unschuld.
Alle Dinge erlangen den Naturzustand der Unschuld.
So nährten einst die Könige, reich an Tugend und entsprechend ihrer Zeit, die Untertanen in Einklang mit dem Naturzustand.

Im Frühling fängt alles wieder an zu sprießen und zu gedeihen, alles wird von neuer Lebenskraft genährt. Das Bild vom Donner im Frühling weist auf eine zusätzliche Möglichkeit hin, nämlich auf plötzliche Schwierigkeiten oder unerwartete Veränderungen. Die Kraft, die jetzt wirkt, ist grundsätzlich schöpferischer Art und im Wachsen begriffen. Deshalb sollte man Schwierigkeiten nicht künstlich beiseiteschieben, sondern sich so natürlich und offen wie möglich anpassen.

Die Linien

Anfangs eine Neun: Unschuldiges Handeln. Heil.

Sie erleben eine Zeit der Harmonie und des Glücks. Sie sollten mit Vertrauen einfach Ihrer inneren Stimme folgen.

Sechs auf zweitem Platz:
Der Edle mißt die Erde nicht beim Pflügen,
noch den Ertrag eines leeren Feldes.
Es ist förderlich, etwas zu unternehmen.

Hier gilt es, zur richtigen Zeit und am richtigen Ort fortzuschreiten (Prüfungen sind hierfür ein gutes Beispiel, da sie regelmäßig stattfinden und vorhersehbar sind). Sie sollten Ihren laufenden Verpflichtungen nachkommen und jede Aufgabe, so wie Zeit und Ort es erfordern, erledigen, und nicht nach dem Erfolg schielen.

Sechs auf drittem Platz: Unerwartetes Unglück.
Das angebundene Rind wird genommen: Was des Wanderers Gewinn, ist des Bürgers Verlust.

Gewinn für die einen, Verlust für die anderen. Akzeptieren Sie Fehlschläge oder Enttäuschungen, auch wenn andere Menschen Sie für besonders ungerecht halten.

Neun auf viertem Platz: Mit beharrlicher Unschuld bleibt man ohne Tadel.

Wenn wir unserem innersten Wesen treu bleiben, können wir keinen Fehler machen. Dieses Ideal ist eine der wertvollsten philosophischen Grundideen des I Ging. Geringere Erfolge.

Neun auf fünftem Platz: Die unerwartete Krankheit wird nicht durch Medizin geheilt.
Sie wird einfach von selber heilen.

Diese Linie beschreibt ein plötzliches Unglück, von dem Sie betroffen sind. Gerade jetzt sollten Sie Ihre innere Unschuld bewahren und nicht nach einfachen Lösungen streben oder raffinierte Pläne entwerfen. Reagieren Sie spontan und frei, dann werden sich die Dinge aufklären. Sie haben Erfolg, auch wenn Sie zuerst noch in Schwierigkeiten verwickelt werden.

Oben eine Neun: Unschuldiges Handeln bringt Unheil.
Kein Nutzen.

Fortschritt ist unmöglich, also wursteln Sie nicht einfach weiter. Verlassen Sie sich auf Ihre Intuition und die instinktiven Gefühle. Unter Umständen müssen Sie mit List vorgehen, um mit einer heiklen Situation fertigzuwerden.

DA TSCHU Die angesammelte Kraft

Da Tschu beschreibt die aktive Kraft des Himmels (Kiën, unten), die durch das Stillehalten (Gen) bezähmt wird. Es handelt sich also um eine Situation mit großem Potential – vergleichbar einem Fluß, der, von einem Damm gestaut, Energie erzeugt. Das Zeichen hat eine dreifache Bedeutung: Große Energiereserven; eine schöpferische Kraft, die stark zurückgehalten wird; und das Vorhandensein einer Nahrungsquelle (wobei die Nahrung geistiger oder materieller Natur sein kann).

Das Urteil

Die angesammelte Kraft:
Beharrlichkeit ist förderlich.
Nicht zu Hause essen bringt Heil.
Es ist förderlich, das große Wasser zu durchqueren.

Sie haben sehr viel Arbeit zu leisten. Die Qualität der Zeit (angesammelte Kraft) legt nahe, daß man sich ständig bemühen muß, seine Energien zu sammeln und seine inneren Werte zu bewahren, unter anderem auch mit Hilfe von Übungen, wie etwa der Meditation. Wenn die physischen und psychischen Energien sich in Harmonie befinden, kann man auf den Fluß der äußeren Ereignisse eingestimmt bleiben und dadurch große schwierige Aufgaben vollbringen.

Das Bild

Der Himmel inmitten des Berges: Das Bild der angesammelten Kraft.
So studiert der Edle die Weisheit und die großen Taten der Alten, und festigt dadurch seinen Charakter.

Zwei Hauptbedeutungen sind hier enthalten: Die eine bezieht sich auf etwas, das gespeichert wird, sei das nun materieller Reichtum oder seien es ewig gültige Wahrheiten (die Weisheit der Alten), die andere Bedeutung bezieht sich auf eine Person, die entweder bereits die Zustimmung ihrer Umwelt erhalten hat und sich nun hüten sollte, selbstgerecht zu werden, oder die zuerst das Vertrauen der anderen gewinnen muß, um erfolgreich zu sein.

Die Linien

Anfangs eine Neun: Angesichts einer Gefahr muß man anhalten.
Schwierigkeiten können Sie zum Anhalten oder gar Rückzug bewegen. Wenn Sie weitergehen oder den eingeschlagenen Weg weiterverfolgen, bringt das in jedem Fall Unglück. Warten Sie auf

einen günstigeren Zeitpunkt und begnügen Sie sich mit kleineren Fortschritten.

Neun auf zweitem Platz: Die Achse des Wagens bricht ab.

Eine höhere Macht zwingt Sie zum Anhalten oder Rückzug. Da jede Art von Kampf unmöglich ist, sparen Sie lieber Ihre Energien auf. Möglicherweise erzielen Sie Fortschritte durch die Bemühungen eines anderen Menschen.

Neun auf drittem Platz: Gute Pferde, die zusammenwirken.
Beharrlichkeit, im Bewußtsein der Gefahr, bringt Heil.
Übe dich täglich im Reiten und in den Kampfkünsten.
Es ist förderlich, sein Ziel zu verfolgen.

Die gegenwärtig wirkendenKräfte und andere Menschen zielen in die gleiche Richtung wie Sie selbst, doch sollten Sie weiterhin vorsichtig bleiben und auf gefährliche Hindernisse achten. Behalten Sie stets Ihr Ziel im Auge und planen Sie vernünftige Alternativen für den Fall, daß der Weg versperrt sein sollte. Dank harter Arbeit kommen Sie vorwärts.

Sechs auf viertem Platz: Der junge Stier trägt einen Hörnerschutz.
Großes Heil.

Die wilde Kraft eines jungen Stieres wurde gezähmt, indem man an seiner Stirn ein Brett anbrachte, bevor die Hörner wuchsen, so daß die Hörner, wenn sie erst da waren, nicht mehr verletzen konnten. Ebenso können Sie mit weiser Voraussicht eine noch größere Gefahr oder Schwierigkeiten verhindern und Ihre Ziele erreichen.

Sechs auf fünftem Platz: Die Hauer eines kastrierten Ebers.
Heil.

Eine gefährliche Kraft wird neutralisiert, indem man die Ursache, und nicht die Symptome der Gefahr beseitigt. Glück und Anerkennung.

Oben eine Neun: Man erlangt den himmlischen Pfad. Gelingen.

Die schöpferische Energie, die so lange gehemmt wurde, steigt nun siegreich empor und übt einen mächtigen Einfluß aus. Eine Zeit des Fortschritts, der Anerkennung und großen Erfolges.

Unter dem Trigramm Gen (das Stillehalten) befindet sich Dschen (die Bewegung). Mit dem Unbewegten unten und der Bewegung oben (die Hexagrammform erinnert an einen offenen Mund) erhält I die Eigenschaft eines Mundes, durch den Nahrung hindurchgelangt. Diese Vorstellung wird noch durch die Tatsache verstärkt, daß die Pflanzen und Kräuter, die am Fuße des Berges wachsen (Gen ist der Berg, Dschen das Holz oder die Pflanze), zu den nahrhaftesten überhaupt gehören. Das Bild des Donners (Dschen), der um den Fuß des Berges herum grollt, zeigt an, daß bald nährender Regen fallen wird. Das Zeichen I fordert dazu auf, Harmonie anzustreben und Maß zu halten (denn unmäßiges Essen führt zumindest zu Unwohlsein).

Das Urteil

Die Ernährung: Beharrlichkeit bringt Heil.
Achte auf die Ernährung und womit sich einer zu nähren sucht.

Angesprochen ist hier nicht nur die eigene Ernährung, sondern auch, daß man andere ernähren sollte, sei dies nun im wörtlichen oder übertragenen, im materiellen oder geistigen Sinne. Bei der Ernährung (seiner selbst und anderer) ist sorgfältig zu unterscheiden zwischen dem, was rein ist und die Lebenskraft steigert, und dem, was nichts wert ist.

Das Bild

Donner am Fuße des Berges: Das Bild der Ernährung.
Der Edle achtet auf seine Worte
und auf das, was er trinkt und ißt.

Der Mund ist ein Werkzeug der Umwandlung, mit ihm kauen wir die Nahrung und bilden Wörter. Er ist ständig in Bewegung. Ebenso sollten Sie versuchen, schwierige Bedingungen oder Menschen in den Griff zu bekommen und so umzuwandeln, daß sie Ihnen später nützlich sein können, doch gehört dazu viel Arbeit.

Die Linien

Anfangs eine Neun: Du läßt Deine Zauberschildkröte frei und schaust mich lustlos an.
Unheil.

Wer das Beispiel der Orakelschildkröte (die als göttlich galt und keiner irdischen Nahrung bedurfte) ignoriert, riskiert, seine Unabhängigkeit oder Selbständigkeit zu verlieren, beneidet dann die anderen und gerät in eine mißliche Lage. Konflikte treten auf, weil man Ihr Verhalten kritisiert. Auf Menschen, die im Hintergrund leise wirken, wirkt sich das jedoch nicht nachteilig aus.

Sechs auf zweitem Platz: Er sucht Nahrung auf dem Gipfel und weicht vom Wege ab, um auf dem Hügel Nahrung zu finden.
So handeln bringt Unheil.

Wer normalerweise selbst für seine Nahrung sorgt oder eine regelmäßige Einkommensquelle hat und sich nun einer anderen Quelle zuwendet, drückt sich vor seiner Grundverantwortung und gerät dadurch in Schwierigkeiten. Es kann dies eine gute oder schlechte Zeit sein. Selbst der Rechtschaffene kann nicht sicher sein, in welche Richtung sich die Dinge entwickeln, doch ist nicht mit Extremen zu rechnen.

Sechs auf drittem Platz: Abwenden von der Ernährung bringt Unheil, wenn man beharrlich bleibt.
Zehn Jahre lang sollte man nicht so handeln. Kein Fortschritt.

Schlechtes Benehmen statt korrektem Verhalten, ungesunde Ernährung statt vollwertiger Kost, selbstsüchtiges Vergnügen statt selbstloser Freude: Diese und andere Vorlieben sollten nicht die Regel sein, sondern Ausnahmen bleiben. Unglück und Zerfall können die Folge Ihres eigenen Fehlverhaltens sein.

Sechs auf viertem Platz: Auf dem Gipfel Nahrung suchen bringt Heil.
Wie ein ausgehungerter Tiger umherspähen ist kein Fehler.

Ob diese Zeit Gewinn oder Verlust zeitigt, hängt von Kräften ab, die Sie nicht beeinflussen können. Für ein lohnenswertes Projekt benötigen Sie Helfer, ebenso, wenn Sie sich in einer verantwortungsvollen Position befinden. Wenn Sie solche Helfer finden und sich der günstigen Lage bewußt sind, haben Sie Erfolg.

Sechs auf fünftem Platz: Abweichen vom Weg. Bringt Heil, doch sollte man nicht das große Wasser durchqueren.

Aufgrund persönlicher Schwächen oder bestehender Umstände wechselt man die Richtung und handelt damit möglicherweise unkonventionell. Wenn man nicht die Kraft hat, anderen Menschen zu helfen, sollte man seinen Kurs ändern und Hilfe bei jemandem suchen, der einflußreich oder weise ist. Lassen Sie sich nicht auf größere Unternehmungen ein.

Oben eine Neun: Die Quelle der Ernährung.
Bewußtsein der Gefahr bringt Heil.
Es ist förderlich, das große Wasser zu durchqueren.

Hier befindet sich der Mensch in Einklang mit seiner Nahrungsquelle, d.h. er versteht es, für seine eigene Ernährung zu sorgen und kann somit auch andere ernähren. Wenn er sich seiner Verantwortung bewußt ist, kann er unbeschränkt weitermachen und erfolgreich sein.

28
DA GO Das Große im Übermaß

Das Zeichen stellt einen Balken dar, der innen dick und schwer, an den Enden jedoch zu schwach ist und folglich keine feste Stütze ist. Die beiden Trigramme Dui (der See, oben) und Sun (das Holz, unten) lassen an Bäume unter Wasser, an Hochwasser, denken. Das bedeutet Übermaß, und zusammen mit der von der Hexagrammform abgeleiteten Vorstellung erhalten wir das Bild einer gefährlichen Situation, die nicht andauern darf.

Das Urteil

Das Große im Übermaß:
Der Balken biegt sich durch und stürzt ein.
Es ist förderlich, ein Ziel zu verfolgen.

Das Bild beschreibt eine außerordentlich ernste Lage. Das kann sich auf verschiedene Situationen beziehen, sowohl geschäftliche Dinge wie auch persönliche Beziehungen, die äußerst kompliziert sind. Schwierigkeiten lassen sich zwar kaum vermeiden, doch zeigen die starken Linien in der Mitte des Zeichens die Fähigkeit, künftigen Schwierigkeiten zu trotzen. Die stabile Struktur des Hexagrammes weist darauf hin, daß Probleme (falls sie überhaupt gelöst werden können) durch sanftes Eindringen in den Sinn der Lage gelöst werden können.

Das Bild

Der See erhebt sich über die Bäume:
Das Bild des Großen im Übermaß.
So ist der Edle, wenn er alleine dasteht, unbesorgt.
Wenn er sich von der Welt zurückziehen muß, bedauert er das nicht.

Der Weise ist, obwohl allein, standhaft wie ein Baum (Sun, unten), ohne seine offene, fröhliche Haltung gegenüber dem Leben (Dui, das Heitere, oben) einzubüßen. Das Bild der Überschwemmung verstärkt die Tatsache, daß die Schwierigkeiten nur vorübergehend sind. Schließlich muß das Flutwasser auch wieder abfließen. Vergessen Sie jedoch nicht, daß die Lage, so angenehm oder einträglich sie jetzt auch sein mag, nur von kurzer Dauer ist.

Die Linien

Anfangs eine Sechs: Unterlegen mit Binsenmatten.
Kein Fehler.

Durch Fleiß und strenge, vernünftige Planung haben Sie die Chance, nach Belieben fortzuschreiten. So wie man unter zerbrechliche

Töpfe Matten legt, so ist es aber auch wichtig, in allen Angelegenheiten besonders vorsichtig zu sein.

Neun auf zweitem Platz: Eine dürre Pappel treibt neue Sprosse.
Ein älterer Mann nimmt sich eine junge Frau.
Alles ist förderlich.

Eine Zeit der Erneuerung und des Fortschritts. Das Bild der alten Pappel, die einen Sproß treibt und am Wasser steht, legt nahe, daß man eine zuvor vergessene oder vernachlässigte Quelle der Ernährung (materieller oder geistiger Art) erschlossen hat. Ungewöhnliche Verbindungen werden begünstigt.

Neun auf drittem Platz: Der Balken bricht schier, so durchgebogen ist er. Unheil.

Wer die Anzeichen drohender Gefahr nicht zur Kenntnis nimmt oder stur ist, wird in Schwierigkeiten geraten. Nun müssen Sie für die Folgen rücksichtslosen Vorwärtsdrängens geradestehen.

Neun auf viertem Platz: Der Balken wird gestützt. Heil.
Der Wunsch nach mehr Unterstützung bringt Beschämung.

Sie meistern die Situation dank der Hilfe anderer Menschen, doch wenn Sie ihr Vertrauen mißbrauchen oder weitere Forderungen stellen, dürften Sie das bereuen. Alltägliche Angelegenheiten glätten Sie am besten durch Nachgiebigkeit. Sofern angebracht, ernten Sie Anerkennung oder werden befördert.

Neun auf fünftem Platz: Eine dürre Pappel treibt Blüten.
Eine ältere Frau nimmt sich einen jungen Mann.
Kein Tadel, kein Lob.

Die Lage ist im Grunde unproduktiv, und Sie befinden sich in einer unfreien Stellung. In dieser schwierigen Zeit sollten Sie darauf achten, in geschäftlichen Belangen wie auch in privaten Beziehungen eine faire und ausgewogene Haltung zu bewahren.

Oben eine Sechs: Zum Überqueren des Wassers gezwungen, bedeckt es seinen Kopf.
Unheil. Kein Tadel.

Wer ohne Rücksicht auf die Umstände seine Aufgabe bewältigen will und blind vorwärtsdrängt, gerät in Gefahr. Sie verletzen nur sich selbst. Eine Zeit der Trauer.

29
KAN Das Abgründige

Kan, das aus zwei Grundtrigrammen mit dem gleichen Namen besteht, bedeutet Gefahr, Krise und Konflikt. Genau genommen sogar eine *doppelte Gefahr*. Damit könnte eine Lebenshaltung gemeint sein, die bedingt, daß man ständig Krisen schaffen muß, um seinem Leben einen Sinn zu geben. Ganz allgemein ist eine gefährliche Situation beschrieben, an die man sich anpassen muß. Gefahr bedeutet einerseits etwas, das bedroht und verletzt, andererseits Fortschritt und innere Entwicklung, wenn man sich richtig verhält.

Das Urteil

Das wiederholte Abgründige: Wenn Du ehrlich bist, erlebst Du Harmonie im Herzen und hast Erfolg.

Wer, wie das Wasser, mit der Situation mitfließt und aufgrund einer aufrichtigen Haltung den Kern der Lage zu erfassen vermag, kann erfolgreich und wirksam handeln. Gefahr festigt den Charakter und bestärkt uns im Bewußtsein, daß innerer Frieden der wichtigste Faktor für Erfolg ist. Wenn man innerlich Ruhe bewahrt, kann man rasch reagieren und so ein Unglück verhindern.

Das Bild

Wasser fließt unaufhörlich aus dem Abgrund: Das Bild des wiederholten Abgründigen.
So wandelt der Edle immer in Tugend,
und übt sich weiterhin im Unterrichten.

Das Wasser erreicht sein Ziel durch ununterbrochenes Fließen, und so macht es auch der Edle mit der Tugend. Er sorgt dafür, daß die Tugend sein ganzes Leben durchdringt und daß er genügend Format hat, um mit sehr schmerzlichen und ungewöhnlichen Situationen fertig zu werden. Sie sollten also ständig an Ihrer eigenen Entwicklung arbeiten und eine egoistische Haltung vermeiden. Dann dienen Sie anderen zum Vorbild.

Die Linien

Anfangs eine Sechs: Wiederholung des Abgründigen.
Man gerät im Abgrund in eine Falle. Unheil.

Sie haben sich an die Gefahr gewöhnt und sind deshalb ihr gegenüber gleichgültig geworden, so daß Sie vom rechten Weg abgekommen sind. Wem es an Zielbewußtheit, Wachheit oder Widerstandskraft mangelt, der dürfte jetzt zurückversetzt oder strengstens gemaßregelt werden.

Neun auf zweitem Platz: Die Gefahren des Abgrundes.
Kleine Erleichterung durch kleine Leistungen.

Prüfen Sie die Situation und versuchen Sie nicht, ihr zu schnell zu entrinnen. Schwierigkeiten müssen ertragen werden, doch können kleinere Anstrengungen Ihrerseits hilfreich sein.

Sechs auf drittem Platz: Überall nur Abgründe.
In dieser Gefahr beende den Kampf und warte, sonst fällst du in das gähnende Loch.
Handle nicht so.

In Zeiten der Gefahr erhöht jede Reaktion das Risiko. Handeln Sie erst, wenn Sie einen Ausweg gefunden haben. Menschen, die eher im Hintergrund wirken, sollten jetzt hart arbeiten und bescheiden bleiben. Diejenigen, die an vorderster Front stehen, müssen mit schweren Konflikten rechnen.

Sechs auf viertem Platz: Ein Krug Wein, eine Reisschale.
Einfache Gefäße, die durch das Fenster gereicht werden.
Kein Tadel.

Hier wird die Bedeutung der Ehrlichkeit hervorgehoben, und zwar durch eine Zeremonie, die aufs äußerste vereinfacht ist: Der Beamte einer Provinz reicht dem anderen traditionelle Geschenke. In schwierigen Zeiten ist die ehrliche Absicht wichtiger als das Ritual oder die Sitte, und alles beginnt mit diesem klaren, einfachen Kontakt zu Beginn. Eine Zeit des Aufstiegs und neuer Freundschaften, die aber auch Trauer mit sich bringen kann.

Neun auf fünftem Platz: Der Abgrund wird nicht überfüllt, sondern nur bis zum Rand gefüllt.
Kein Fehler.

Um einer Gefahr zu entgehen, braucht man nur den Weg des geringsten Widerstandes zu gehen, so wie das Wasser dort über den Rand eines Behälters fließt, wo er am tiefsten ist. Konzentrieren Sie sich jetzt vor allem darauf, der Gefahr zu entfliehen, da zu viele andere Schwierigkeiten bestehen. Wenn Sie jetzt klare Bedingungen schaffen, können Sie Ihre Ziele ohne große Mühe erreichen.

Oben eine Sechs: Mit vielen Stricken gefesselt wird er hinter dornumhegten Kerkermauern eingeschlossen.
Drei Jahre findet er nicht den Weg in die Freiheit.
Unheil.

Man ist verstrickt in seine Missetaten und fühlt sich stark eingeschränkt, sei dies im physischen Sinne (z. B. weil man im Gefängnis sitzt) oder im übertragenen Sinne (wegen einer Arbeit, die man geringschätzt, oder einer Person, die man nicht leiden kann). Man ist gefangen wie ein Verbrecher, der vom rechten Weg abgekommen ist und nun gefesselt hinter dornumhegten Kerkermauern sitzt. Dieser Zustand wird noch längere Zeit andauern.

30
LI Das Feuer

Auch dieses Zeichen ist ein Doppelzeichen und besteht aus der Wiederholung des Trigramms Li, die Helligkeit, das Feuer, das Haftende. Die Verdoppelung dieser Eigenschaften deutet einerseits auf eine feurige, reizbare Person, andererseits auf eine explosive, unbeständige Situation hin. Es kann damit jedoch auch die Eigenschaft des Feuers gemeint sein, denn das Feuer haftet an allem, was es verzehrt, während es seinen Glanz überallhin erstrahlen läßt. Im engeren Sinne könnte das Zeichen sich auf eine streitsüchtige, energische Person (etwa einen erfolgreichen Selfmademan) oder auf einen Liebhaber beziehen, dessen aufdringliche Liebesbezeugungen dazu dienen, seine Abhängigkeit von einer anderen Person zu verdecken. In jedem Falle geht es darum, die treibende Kraft zu beherrschen (so wie man auch Feuer unter Kontrolle haben muß), damit sie konstruktiv wirken kann.

Das Urteil

Das Feuer. Beharrlichkeit bringt Gelingen.
Pflege der Kuh bringt Heil.

Die nach außen wirkende Kraft, symbolisiert durch das Feuer, wird ständig verbraucht und bedarf somit einer inneren Quelle. Beharrlichkeit wird durch das Bild der Kuh dargestellt. Die Kuh ist das Symbol der äußeren Fügsamkeit und ist abhängig vom Bauern. Ebenso muß eine hitzige Person lernen, ihre Abhängigkeit von anderen zuzugeben und diese Fügsamkeit pflegen, um zu Klarheit und Erkenntnis zu gelangen. Dies ist ein äußerst wichtiges Gegenmittel für übertriebenes Verhalten und extreme Haltungen.

Das Bild

Die Helle wiederholt sich: Das Bild des Feuers.
So kultiviert der große Mann das Helle,
um auch die dunkelsten Ecken der Welt zu erleuchten.

Mit der Verdoppelung des Einzelzeichens Li, die Sonne, wird das Zyklische und Regelmäßige der Zeit betont. Daher sollten Sie bewußt und regelmäßig die klare, helle Energie, die hier beschrieben wird, kultivieren, damit sie ohne Einschränkungen wirken kann.

Die Linien

Anfangs eine Neun: Die Fußspuren laufen kreuz und quer.
Mit Gelassenheit entsteht kein Schaden.

Es ist früher Morgen, die Arbeit beginnt, und alle laufen geschäftig hin und her. Jetzt (zu Beginn der Arbeit) ist es besonders wichtig, die innere Sammlung, Gelassenheit und Klarheit zu bewahren. Seien Sie freundlich, jedoch vorsichtig im Falle von Streit.

Sechs auf zweitem Platz: Goldener Sonnenschein.
Großes Heil.

Die Mittagssonne, Symbol der Mitte zwischen den beiden Tageshälften, deutet auf eine Zeit der Harmonie, des Erfolges und der Anerkennung hin.

Neun auf drittem Platz: Beim Schein der untergehenden Sonne schlagen alte Männer auf Töpfe und singen.
Andere beklagen laut das nahende Greisenalter. Unheil.

Auf Glück und Wohlstand folgen naturgemäß Trauer und Unglück. Angesichts der schmerzlichen Erinnerung an die Vergänglichkeit alles Lebendigen flüchten sich manche in fröhliche Ausgelassenheit, während andere lamentieren. Beide Extreme sind unsinnig: Nur der Wandel ist ewig. Einzig, indem man dies akzeptiert, kann man genießen, was man hat. Gefahr droht.

Neun auf viertem Platz: Das Feuer, das plötzlich aufflammt und erlischt, gerät in Vergessenheit.

Das Bild des Strohfeuers, das sehr plötzlich und heftig ausbricht und ohne nachhaltige Wirkung wieder erlischt, dient als Analogie für den nervösen Unternehmer, den Draufgänger oder den leidenschaftlichen Liebespartner. Ein solcher Mensch verbraucht sich oder die Person, von der er lebt, sehr rasch und läßt es an innerer Klarheit mangeln. Vergeuden Sie nicht Ihre Kräfte, lassen Sie sich nicht aus der Ruhe bringen und seien Sie nicht arrogant, sonst bekommen Sie Unannehmlichkeiten.

Sechs auf fünftem Platz: Weinend in Strömen,
klagend in Trauer. Heil.

Diese Linie hat eine zweifache Bedeutung. Die unangebrachten Begeisterungs- und Energieausbrüche dessen, der die Situation zu verändern sucht, führen zu Schmerz und Leid, doch hat man mit Bemühungen Erfolg. Das Weinen und Klagen beweist, daß hier ein tiefer, ehrlicher Wandel sich vollzieht, eine Entwicklung zu innerem Frieden und Charakterstärke. Das bringt Glück. Am Anfang mögen zwar noch Schwierigkeiten und sogar große Verwirrung herrschen, doch später nimmt alles ein gutes Ende.

Oben eine Neun: Er steht an der Spitze der königlichen Streitkräfte: Weise tötet er die Anführer und nimmt die Mitläufer gefangen. Kein Tadel.

Es ist erstrebenswert, sein Ziel mit einem Mindestmaß an Zerrüttung und Konflikten zu erreichen. Ebenso sollte man die Dinge eher ändern als zerstören und die Menschen erziehen statt sie zu nötigen. Eine günstige Zeit, doch könnte man unter Einsamkeit leiden.

Gen, der jüngste Sohn bzw. junge Mann (Stärke, unten) fügt sich der jüngsten Tochter bzw. jungen Frau (Dui, das Heitere, oben). Für eine dauerhafte Beziehung ist es in gewisser Hinsicht entscheidend, daß sich der Mann (der Starke) der Frau unterordnet und umgekehrt. Die Grundlage dieses wichtigen gesellschaftlichen Grundvertrages besteht darin, daß der eine Partner sich den Bedürfnissen des anderen Partners anpaßt. Das untere Zeichen regt durch beharrliche, ruhige Stärke das obere schwache Zeichen an, das heiter und freudig dieser Anregung entspricht. Das Bild beinhaltet Zuneigung und Sensibilität gegenüber anderen Menschen, jedoch nicht die sogenannte *Sensibilität* eines krankhaft introvertierten Menschen.

Das Urteil

Die Anregung: Erfolg.
Beharrlichkeit bringt Heil.
Die Ehe mit einem Mädchen verheißt Glück.

Hier wird eine erfolgreiche, harmonische Beziehung geschildert, die, weil es sich um eine passende Verbindung mit gegenseitiger Anziehung handelt, mit Sicherheit gut verläuft und Bestand hat. Das gilt sowohl für persönliche als auch für geschäftliche Beziehungen.

Das Bild

Auf dem Berg ein See: Das Bild der Anregung.
So läßt der Edle durch zuvorkommendes Benehmen
die Menschen an sich herankommen.

Die Metapher des Bergsees läßt an einen empfänglichen, ruhigen Menschen denken, der sich nicht über andere erhebt und alles besser wissen will. So verbindet sich die Vorstellung der Selbstlosigkeit und Empfänglichkeit mit der Idee des Starken, das sich bereitwillig den Bedürfnissen des Schwachen unterordnet.

Die Linien

Anfangs eine Sechs: Die Anregung äußert sich in der großen Zehe.

So wie Raubtiere sich nervös hin und her bewegen, bevor sie zum Sprung ansetzen, machen auch die Menschen kurz vor dem Kampf eine Bewegung mit der großen Zehe. Beschrieben wird also die Absicht zu handeln sowie ein hastiges, oberflächliches Vorgehen. Die Situation könnte komplizierter sein als Sie denken, und deshalb sollten Sie geduldig und aufmerksam abwarten. Veränderungen liegen in der Luft, doch sollten Sie nicht zu stark reagieren.

Sechs auf zweitem Platz:
Die Anregung äußert sich in den Waden.
Unheil. Verweilen bringt Heil.

Die Wade folgt dem Fuß in der Bewegung, sie kann nicht von selbst vorwärtslaufen oder stehenbleiben. Es geht somit um eine unselbständige Bewegung, die, weil sie nicht kontrollierbar ist, Unglück bringt. Deshalb sollten Sie warten, bis Sie innerlich stark genug sind oder durch wirkliche Impulse von außen zum Handeln angeregt werden. Wenn Sie verweilen, haben Sie ein angenehmes Leben.

Neun auf drittem Platz:
Die Anregung äußert sich in den Schenkeln.
Folgt dem, was es verbindet.
Weitermachen ist beschämend.

Die Schenkel folgen den Impulsen des Herzens, ohne zu überlegen, und das Bein folgt automatisch der Bewegung des Körpers. Sie sollten dem Impuls widerstehen, da das Bedürfnis zu handeln eine Illusion ist. Verhalten Sie sich vorsichtig.

Neun auf viertem Platz: Beharrlichkeit bringt Heil.
Die Reue schwindet.
Wessen Denken aufgewühlt hin- und herspringt,
zieht nur seine engsten Freunde an.

Es besteht ein Konflikt zwischen Ihnen selbst und den anderen oder zwischen engstirnigen Überlegungen und der inneren Wahrheit. Das verspricht keine einfache Lösung. Wenn Sie in allen Dingen ruhige Beständigkeit walten lassen, erleben Sie nachher keine Reue. Konflikte, die durch anderes Verhalten bedingt sind, wirken nur erschöpfend und führen zu nichts.

Neun auf fünftem Platz: Die Anregung äußert sich im Nacken.

Der steife unbewegliche Nacken beschreibt einen Menschen, dessen Entschlossenheit von tiefer innerer Überzeugung herrührt, und deshalb werden auch seine Ideen von den anderen Menschen akzeptiert. Es könnte sich bei dieser scheinbaren Entschlossenheit jedoch um nichts anderes als Sturheit oder reine Amoralität handeln, dann entstehen Konflikte.

Oben eine Sechs: Die Anregung äußert sich in Mund und Zunge.

Die Anregung beschränkt sich auf leeres Geschwätz. Aus einer solchen Anregung, die jeder Grundlage entbehrt, kommt weder Gutes noch Schlechtes.

32
HONG Die Fortdauer

Dieses Hexagramm ist das Gegenteil des vorhergehenden: Hier befindet sich Dschen, der älteste Sohn (Donner) über Sun, der ältesten Tochter (das Sanfte, der Wind). Somit führt das aktive männliche Element das passive weibliche, und der Donner vereinigt sich mit dem Wind (seinem natürlichen Gefährten). Dies deutet auf eine dauernde, feste Beziehung hin.

Das Urteil

Die Fortdauer. Erfolg. Kein Fehler.
Beharrlichkeit ist förderlich.

Die Fortdauer wird durch Beharrlichkeit erreicht, und zwar eine Beharrlichkeit, die sich in jedem Augenblick äußert und im gleichen göttlichen Sinne schöpferisch ist, wie Vishnu, der durch sein ständiges Vorwärtsstreben die Zwischenräume zwischen den einzelnen Momenten überbrückt, so wie sie von Shiva zerstört werden. Damit werden die Eigenschaften der Stärke und Weisheit betont, die mit der so grundlegenden Suche nach dem eigentlichen Sinn einhergehen.

Das Bild

Donner und Wind: Das Bild der Fortdauer.
So bleibt der Edle immer standhaft
und weicht nicht ab von seinem Pfad.

Die beiden himmlischen Kräfte, Donner und Wind, sind zwar ständig in Bewegung, und damit dem Anschein nach alles andere als dauerhaft, doch sind sie genau wie alle anderen Dinge den Gesetzen des Lebens unterworfen. Dies sollten Sie erkennen und dann absolut standhaft bleiben, was natürlich nicht heißt, daß Sie nicht Ihre Taktik oder Ihr Verhalten ändern können, um sie den veränderten Umständen anzupassen. Ganz allgemein wird die Harmonie der wahren Fortdauer betont und von dem unterschieden, was nur dem Anschein nach Bestand hat.

Die Linien

Anfangs eine Sechs: Zu rasch Fortdauer anstreben, bringt dauerndes Unglück. Nichts ist förderlich.

Nur wer vorsichtig, geschickt und mit Feingefühl vorgeht, kann dauernde Resultate erzielen. Überstürztes, ungeschicktes und ängstliches Handeln führt zu Mißerfolg. Erkennen Sie das Wesen dieser Zeit und versöhnen Sie sich mit ihr.

Neun auf zweitem Platz: Die Reue schwindet.

Dadurch, daß man übertriebene Begeisterung, großartige Ambitionen oder unangemessene Wünsche beherrscht, kann man sich eine sichere Position schaffen und Schwierigkeiten vermeiden.

Neun auf drittem Platz: Wer seinem Charakter nicht Dauerhaftigkeit verleiht, fällt in Ungnade.

Ständige Reue.

Durch eine unkonsequente Haltung und innere Unsicherheit entstehen Konflikte mit der Außenwelt, Kleine, vermeidbare Auseinandersetzungen können leicht zu großen Konflikten anwachsen. Achten Sie auf den Rat des Urteils und des Bildes.

Neun auf viertem Platz: Kein Wild im Gehege.

So wie es keinen Sinn hat, sich dort an Wild heranzupirschen, wo es keines gibt, so hat es auch keinen Sinn, auf dem falschen Weg weiterzugehen. Versuchen Sie es einmal anders. Allerdings müssen Sie mit Rückschlägen und sogar Verlusten rechnen.

Sechs auf fünftem Platz: Die Fortdauer, die durch Beharrlichkeit erreicht wird. Für die Frau von Heil.

Für den Mann von Unheil.

Als Frau sollten Sie konservativ, als Mann flexibel sein, jedoch an der inneren Wahrheit festhalten. Seien Sie konsequent und vermeiden Sie alle künstlichen Tricks.

Oben eine Sechs: Die Fortdauer der Unruhe. Unheil.

Wer dauernd in Eile ist, kommt immer ein paar Minuten zu spät oder ist ein paar Schritte voraus. Versuchen Sie, so rasch wie möglich Ihr inneres Gleichgewicht wiederzufinden und sich auf Ihre Umgebung einzustellen. Warten Sie mit großen Unternehmungen.

DUN Der Rückzug

Kiën, der Vater, der Führer, über Gen, dem Berg, dem Stillehalten, vermittelt das Bild eines Einsiedlers, der zurückgezogen in den Bergen lebt. Es geht hier um den Rückzug von Verhältnissen, die sich nachteilig auswirken könnten, nicht im Sinne einer Flucht, sondern als Antwort auf die Zeichen der Zeit, also, weil man die Folgen des Verweilens erkannt hat. Oder anders ausgedrückt: Weil man die Verhältnisse so, wie sie sind, akzeptiert.

Das Urteil

Der Rückzug: Gelingen.
Beharrlichkeit im Kleinen ist förderlich.

Die beiden Linien deuten darauf hin, daß die feindlichen Kräfte im Aufsteigen begriffen sind. Der Weise zieht sich nun zurück, doch rennt er nicht davon, er gibt nach. Beweisen Sie Beharrlichkeit, damit der Rückzug so konstruktiv wie möglich verläuft.

Das Bild

Der Berg erhebt sich zum Himmel: Das Bild des Rückzugs.
Der Edle hält den Gemeinen fern.
Nicht im Zorn, sondern mit Würde.

Der Berg steigt zum Himmel empor, doch der Himmel zieht sich vor ihm nach oben zurück. Das ist das Bild für die Art, wie der Weise eine würdevolle Distanz zwischen sich und störenden Einflüssen wahrt. Besonders vor negativen Gefühlen muß man auf der Hut sein.

Die Linien

Anfangs eine Sechs: Beim Rückzug am Schwanz-Ende: Gefahr.
Man begnügt sich damit, nichts zu unternehmen.

Das Schwanz-Ende ist dem Feind am nächsten und daher am meisten gefährdet. Unter solch gefahrvollen Umständen sollten Sie sich möglichst rasch zurückziehen, falls es nötig ist, und sonst ruhig bleiben und nichts unternehmen.

Sechs auf zweitem Platz: Er hält sich fest mit gelbem Ochsenleder.
Niemand vermag ihn loszureißen.

Gelb ist die Farbe der Mittagssonne, der Mitte und des Gleichgewichtes, und das Leder des Ochsen ist unzerreißbar. Also haben wir hier das Bild eines Menschen, der sich an einen anderen von höherer Gesinnung oder überlegener Stärke oder an unerschütterliche Prinzipien klammert. Ohne zusätzlichen Kommentar hat diese Linie eine günstige Bedeutung. Ruhe und Gelassenheit sind förderlich.

Neun auf drittem Platz: Hindernisse beim Rückzug sind peinlich und gefährlich.

Wohlwollen gegenüber seiner Dienerschaft bringt Heil.

Schwierigkeiten beim Rückzug sind entmutigend und gefährlich. Sie müssen mit der hemmenden Kraft einen Kompromiß eingehen, damit Sie einen gewissen Spielraum behalten. Es ist nicht mit Hilfe zu rechnen, doch könnte sie unerwartet auftauchen.

Neun auf viertem Platz: Freiwilliger Rückzug ist günstig für den Edlen, gefährlich für den Gemeinen.

Im Moment haben Sie keine große Wahl außer der, sich völlig zurückzuziehen, um einen Sturz zu vermeiden. Wer sich bereitwillig zurückzieht, gefährdet damit nicht sein Ansehen, während derjenige, der das nur widerwillig tut, rundum Schaden anrichtet, sowohl auf der physischen wie auf der psychischen Ebene.

Neun auf fünftem Platz: Freundlicher Rückzug.

Beharrlichkeit bringt Heil.

Wählen Sie den richtigen Zeitpunkt für den Rückzug sehr sorgfältig, damit alles glatt und freundlich verläuft. Auf diese Weise ziehen Sie andere mit einer ähnlichen Einstellung an und verhindern, daß bestehende Verbindungen vollständig aufgelöst werden. Möglicherweise bekommen Sie Hilfe oder eine Aufstiegsmöglichkeit.

Oben eine Neun: Heiterer Rückzug.

Alles ist förderlich.

Man ist sich des Rückzuges absolut sicher und sieht seinen Weg klar vor sich. Eine solche Sicherheit bietet natürlich Vorteile. Eine Zeit des Rückzugs, wenn ein solcher angemessen erscheint; des Wartens, falls man ein neues Unternehmen plant, und des Erfolges in bestehenden Geschäften.

34
DA DSCHUANG Die große Macht

Das Trigramm Dschen über dem Trigramm Kiën beschreibt den Donner im Himmel, eine starke junge Kraft, die durch die Eigenschaften des jungen Mannes (Bewegung) unterstrichen wird. In gewisser Hinsicht ist Da Dschuang das Gegenteil von Dun, wo die dunklen, feindlichen Kräfte am Aufsteigen sind. Hier bewegen sich die starken, schöpferischen Kräfte nach oben. Ausgezeichnete Resultate lassen sich jetzt erzielen, wenn die Bedingungen günstig sind, doch besteht immer die Gefahr der Übertreibung und des Machtmißbrauchs.

Das Urteil

Die große Macht: Beharrlichkeit ist förderlich.

Das Bild der großen Macht spricht für sich, doch ist die wichtigste Voraussetzung für wirklich große Macht die Beharrlichkeit. Das bedeutet, daß die große Macht gemäßigt werden muß, indem man innerlich mit den Grundsätzen des Rechts und der Gerechtigkeit verbunden bleibt, bzw. indem man den richtigen Zeitpunkt abwartet. In beiden Fällen ist die Verbindung von Macht und Korrektheit entscheidend, will man gute, fruchtbare Resultate, und nicht nur unbrauchbare, erzielen.

Das Bild

Donner hoch oben am Himmel:
Das Bild der großen Macht.
So widersetzt sich der Edle nicht der bestehenden Ordnung.

Der Donner steigt zum Himmel empor. Diese Bewegung ist in Einklang mit der Richtung der Himmelsbewegung. Das ist eine erfreuliche Entwicklung, die Sie beibehalten sollten, indem Sie nichts tun, was nicht recht ist, also nichts, was nicht dem Gesetz, dem Gebot der Stunde oder ganz einfach der inneren Stimme entspricht.

Die Linien

Anfangs eine Neun: Macht in den Zehen.
Fortschreiten bringt Unheil. Das ist gewiß.

Die Zehen befinden sich ganz unten. Fühlen Sie sich also nicht veranlaßt, wichtige Schritte zu unternehmen, nur weil die Zehen sich bereits ungeduldig auf und ab bewegen. Widerstehen Sie Ihren Impulsen und plötzlichen Regungen. Eine Zeit des Konflikts, der Reue, der Unbeliebtheit und Gefahr.

Neun auf zweitem Platz:
Beharrlichkeit bringt Heil.

Der Widerstand beginnt zu weichen, so daß Erfolg sich einstellen kann. Handeln Sie aus einem inneren Gleichgewicht heraus, dann haben Sie Erfolg.

Neun auf drittem Platz: Der Gemeine wirkt durch Macht, der Edle hingegen nicht.
Ein Ziegenbock stürmt in eine Dornenhecke und bleibt mit seinen Hörnern stecken.
Fortschreiten ist gefährlich.

Der eine bedient sich der Gewalt, der andere macht es mit Geschicklichkeit. Diese Linie warnt vor Machtmißbrauch. Allerdings gibt es noch eine andere Art des Mißbrauchs, nämlich, wenn man die Macht scheut. Man muß die Macht verstehen lernen und sie als Bestandteil seiner Persönlichkeit integrieren, dann erst kann sie auf natürliche und positive Weise wirken. Hüten Sie sich vor Konflikten, in die Sie hineingezogen werden könnten.

Neun auf viertem Platz: Beharrlichkeit bringt Heil, die Reue schwindet.
Der Dornenstrauch gibt nach, er bleibt nicht stecken.
Die Macht gleicht den Speichen am Rad eines großen Wagens.

Hindernisse werden beseitigt, Erfolg stellt sich ein. Die Macht, die dies bewirkt, gleicht den Speichen eines Wagenrades, die, jede für sich genommen, unbedeutend sind, zusammen jedoch strahlenförmig in alle Richtungen gleichmäßig wirken, wie ein ausgeglichener Mensch. Aufstiegschancen durch neue Aktivitäten.

Sechs auf fünftem Platz: Er wird sorglos und verliert den Bock. Keine Reue.

Die Verhältnisse sind nun angenehm und leicht geworden und machen ein bockiges, aggressives Verhalten überflüssig. Da mit dieser Linie auch innere Schwäche beschrieben wird, sollten Sie nichts unternehmen, bzw. nicht auf Anerkennung hoffen.

Oben eine Sechs: Der Bock stürmt in den Dornenbusch und steckt fest.
Nichts ist förderlich.
Akzeptieren der Lage bringt Heil.

Wer, wie in dieser Linie, einer Selbsttäuschung erliegt und sich von Arroganz und Eigensinn verleiten läßt, gerät unweigerlich in eine Sackgasse, an einen toten Punkt, wo er weder vorwärts noch rückwärts kann, verwickelt sich in Konflikte und zieht sich sogar den Haß der anderen zu. Nur wenn Sie die Lage vollkommen akzeptieren, können Sie das vermeiden.

3 5
DSIN Der Fortschritt

Das Zeichen stellt die Sonne dar, die bei Anbruch des Tages über der Erde emporsteigt, und symbolisiert damit den raschen, leichten Fortschritt und Wohlstand. Mit den beiden Trigrammen sind auch zwei Parteien dargestellt: Die eine ist aktiv, leidenschaftlich und fortschrittlich (Li, oben), die andere passiv, empfänglich und logisch (Kun, unten). Es wird gewarnt vor der Möglichkeit einer Trennung (die Sonne *verläßt* die Erde), übertriebener Eile (die fortschreitende Bewegung der Sonne am Himmel ist das Grundsymbol der geordneten, richtigen Entwicklung) und unkorrekten Beziehungen.

Das Urteil

Der Fortschritt. Der mächtige, reiche, geachtete Fürst wird mit vielen Pferden geehrt.
Der König empfängt ihn dreimal an einem Tag.

Hier wird eine weltliche Beziehung geschildert, die ganz der natürlichen Symbolik entspricht. Der Führer, von seinesgleichen geachtet, verhält sich pflichtbewußt und korrekt gegenüber seinem König, der ihn ehrt. Ein unabhängiger, jedoch gehorsamer Diener und ein gerechter, verständnisvoller Meister sind somit die Bedingungen für großen Fortschritt.

Das Bild

Die Sonne steigt über der Erde empor: Das Bild des Fortschritts.
So erhellt der Edle seinen vorzüglichen Charakter.

Je höher die Sonne am Himmel aufsteigt, desto heller erstrahlt sie, desto mehr entfernt sie sich von den trüben Dünsten, die sie unten zurückläßt. So verbessert der Weise seine Stellung und seinen Charakter, indem er das Schäbige und Gewissenlose ablegt. Auf diese Weise gewinnt er Selbstvertrauen und Tugend.

Die Linien

Anfangs eine Sechs: Gehemmter Fortschritt.
Beharrlichkeit bringt Glück.

Wer nicht fähig ist, andere zu inspirieren, muß dies mit Gleichmut akzeptieren. Andere haben kein Vertrauen in Sie und Sie haben kein Vertrauen in die anderen. Deshalb sollten Sie ruhig und gelassen weitermachen.

Sechs auf zweitem Platz: In Trauer fortschreiten.
Beharrlichkeit bringt Heil.
Man erfährt dann große Gnade von seiner Ahnfrau.

Der Weg zur Quelle Ihrer Macht oder zu der Person, von der Sie abhängen, ist Ihnen versperrt. Wenn Sie eine korrekte und feste Beziehung zueinander haben, wird die andere Person Ihnen gegenüber weicher werden. Umgekehrt kann auch Ihre eigene Beharrlichkeit, durch Trauer gedämpft, den anderen einen neuen Zugang zu Ihnen ermöglichen. Eine schwierige Zeit, auf die Harmonie folgt.

Sechs auf drittem Platz: Die Menschen vertrauen ihm und die Reue schwindet.

Alle stehen miteinander in Einklang, und dieser gemeinsame Wille mit der gemeinsamen Energie beseitigt alle Zweifel im Hinblick auf die eigene Unzulänglichkeit. Verlust ist ebenso möglich wie Fortschritt.

Neun auf viertem Platz: Fortschritt wie ein Hamster.
Beharrlichkeit bringt Gefahr.

Wenn man wie ein Hamster heimlich seine Schätze zusammenscharrt, stößt man andere vor den Kopf und erntet unweigerlich Verachtung, wenn das Verhalten aufgrund der Umstände aufgedeckt wird. Jetzt ist nicht die Zeit zum Handeln. Ganz allgemein ist mit Konflikten zu rechnen.

Sechs auf fünftem Platz: Die Reue schwindet.
Achte weder auf Gewinn noch Verlust.
Unternehmungen bringen Heil. Alles ist förderlich.

In einer einflußreichen, schöpferischen Position muß man zurückhaltend bleiben. Reue über Gewinn oder Verlust ist hier nicht angebracht; vielmehr sollten Sie jetzt realisieren, daß Sie sich tatsächlich in einer ausgezeichneten Lage befinden und Fortschritte machen.

Oben eine Neun: Fortschreiten mit gesenkten Hörnern darf man nur, um seine eigene Stadt zu bestrafen.
Bewußtsein der Gefahr bringt Heil. Kein Schaden.
Beharrlichkeit bringt Reue.

Normalerweise beruhen freundschaftliche Beziehungen auf gemeinsamen Prinzipien und gegenseitiger Toleranz, doch zum jetzigen Zeitpunkt muß man energisch durchgreifen oder sogar Strafen verhängen, um die richtigen Verhältnisse wiederherzustellen bzw. weiteren Schaden zu verhindern. Gehen Sie jedoch nur dann energisch vor, wenn es nötig ist.

36
MING Die Verfinsterung des Lichts

Hier befinden sich die Trigramme in umgekehrter Lage zu Dsin, das heißt Kun, die Erde, ist über Li, der Sonne, dem Licht. Dadurch entsteht das Bild vom Einbruch der Nacht oder der Verfinsterung des Lichts. Im übertragenen Sinne bedeutet das die erdrückende Anhäufung feindlicher oder negativer (schwacher) Kräfte und die Allmacht einer Autorität, die Ihren eigenen Überzeugungen feindlich gesinnt ist. In Beziehungen könnten Sie traurige und groteske Dinge erleben, während niemand anderes zu ahnen scheint, wie hassenswert diese Verhältnisse für Sie wirklich sind.

Das Urteil

Die Verfinsterung des Lichts.
Es ist förderlich, in der Not beharrlich zu sein.

Wer jetzt handelt, holt sich nur eine Verletzung und hat nur wenig, wenn überhaupt, Erfolg. Sie sollten *Ihr Licht unter den Scheffel stellen,* falls Sie mit Ihrem Licht überhaupt in nützlicher Weise leuchten. Wenn nicht, sollten Sie ständig an Ihrer inneren Entwicklung arbeiten. So lernen Sie die unschätzbare Lektion, die es jetzt zu lernen gilt, und sind gut vorbereitet, wenn die Zeit zum Handeln reif ist.

Das Bild

Die Sonne ist unter die Erde gesunken: Das Bild der Verfinsterung des Lichts.
So bleibt der Edle in Harmonie mit dem Volk:
Er verhüllt seinen Glanz und läßt seine Tugend doch leuchten.

In Zeiten der Finsternis gilt es, vorsichtig, zurückhaltend und rücksichtsvoll zu sein und nicht durch unbescheidenes Verhalten offene Feindseligkeiten herauszufordern.

Die Linien

Anfangs eine Neun: Verfinsterung des Lichts im Fluge.
Er senkt seine Flügel.
Der Edle fastet drei Tage auf seiner Wanderschaft.
Aber er hat ein Ziel.
Der Wirt verspottet ihn.

In großartiger Absicht will man sich über alle Hindernisse emporschwingen und die Gefahr einfach ignorieren, doch wird man zum Rückzug gezwungen. Dann muß man mit noch größerer Entschiedenheit weiterfahren, trotz des feindlichen Geschickes und der Tatsache, daß man nur den Spott der Umgebung (sogar der nächsten) erntet. Seinen Prinzipien treu zu bleiben, dürfte ebenfalls Schwierigkeiten bereiten, jedoch ist dies zu diesem Zeitpunkt durchaus nicht unangebracht. Dem einen oder anderen steht eine Belohnung bevor, doch sollten sich diejenigen, die sich in Schwierigkeiten befinden, zurückziehen.

Sechs auf zweitem Platz: Die Verfinsterung des Lichts verletzt ihn am linken Schenkel.

Ein starkes Pferd hilft ihm bei der Errettung. Heil.

Diese Linie hat zwei Bedeutungen: Entweder ist der Betreffende verletzt oder erhält Hilfe, oder er hilft anderen, die in einer ähnlichen Lage sind. Ganz allgemein gesehen ist die Situation dank der Hilfe gleichgesinnter Menschen rückgängig zu machen. Eine Zeit des Aufstiegs.

Sechs auf drittem Platz: Verfinsterung des Lichts über der Jagdgesellschaft im Süden. Man erbeutet ihren Anführer.

Versuche nicht, alle Übergriffe sofort richtigzustellen.

Sie haben die Zeichen der Zeit nicht beachtet und machen weiter, so daß Sie einen *Strohmann* verletzen. Sie müssen damit rechnen, daß echte Schwierigkeiten auf Sie zurückprallen, es sei denn, Sie sind in der Lage, den Grund des Übels zu *erjagen* und zu neutralisieren. Allerdings dürfen Sie nun nicht erwarten, daß die Dinge für längere Zeit damit in Ordnung gebracht sind. Eine Zeit zum Reisen.

Sechs auf viertem Platz: Er dringt in die finstere Bauchhöhle durch die linke Seite.

Er gewinnt das Herz der Verfinsterung des Lichts und schleicht sich aus dem Tor.

Da man in der Lage ist, die dunklen Kräfte zu verstehen, realisiert man auch, wie groß die Gefahr ist, und kann sich ohne Mühe zurückziehen. Man bekommt Hilfe, stößt jedoch auf Probleme.

Sechs auf fünftem Platz: Das verfinsterte Licht wie beim Prinzen Gi. Fahre wie bisher fort.

Der Prinz Gi ist eine ähnliche Figur wie Hamlet und ist durch die Familienehre an den Hof eines korrupten und bösen Königs gebunden. Er stellt sich deshalb wahnsinnig und kann so dem Bösen um ihn herum entgehen. Hieraus ergibt sich klar die Lehre, daß man sich zurückhalten und aktiv bleiben und gleichzeitig die Situation akzeptieren sollte.

Oben eine Sechs: Kein Licht, keine Finsternis.

Erst stieg er zum Himmel empor, dann stürzte er in die Tiefen der Erde hinunter.

Die dunkle Kraft hat ihren Höhepunkt erreicht und bricht zusammen. Möglicherweise fühlen Sie sich noch etwas betäubt, doch hat das Leid jetzt ein Ende. Hüten Sie sich vor dem Verlust des Bestehenden oder vor Schwierigkeiten nach einem Aufstieg.

37
GIA JEN Die Familie

Die Struktur der Linien beschreibt die Gesetze, die innerhalb der Familie herrschen. Die Mitglieder der Familie, die durch Yin- und Yanglinien dargestellt sind, stehen in einer Wechselbeziehung zueinander, die ihrem Wesen entspricht. Das heißt, jede Linie hat die ihrem Platz entsprechende Natur. Damit liegt der Schwerpunkt auf korrekten Beziehungen, Zusammenarbeit, Verpflichtungen und einer ausgewogenen, gewissenhaften Einstellung.

Das Urteil

Die Familie. Förderlich ist die Beharrlichkeit der Frau.

Wenn jedes Mitglied die richtige Einstellung hat, bleibt die Familienstruktur stark und trägt zu einer harmonischen Gesellschaft bei. Die Ehe zwischen Mann und Frau bildet die Grundlage dieser Einheit, und es ist die Treue und beharrliche Loyalität der Frau, die sie zusammenhält. Deshalb ist die Frau das eigentliche Fundament der Ehe und der Gesellschaft.

Das Bild

Der Wind weht aus dem Feuer: Das Bild der Familie.
So haben die Worte des Edlen Gehalt,
und sein Lebenswandel hat Dauer.

Der Mann wirkt mit seiner Kraft nach außen. Wie eine Flamme Nahrung braucht, so müssen seine Worte auf etwas Wirklichem beruhen; und wie der Wind die Segel bläht, so muß er seine Worte mit dem entsprechenden Verhalten unterstützen, sonst bleibt die Wirkung aus.

Die Linien

Anfangs eine Neun: Er legt die Regeln für seine Familie fest.
Reue schwindet.

Zu Beginn eines Unternehmens legt man die Pflichten und Kompetenzen eines jeden genau fest, und dann ist es entscheidend, daß diese auch mit Nachdruck durchgesetzt werden, damit gleich zu Anfang die richtige Ordnung hergestellt wird. Das mag zuerst Mühe bereiten, doch schwindet dann Reue und Unglück. Eine Zeit des Aufstiegs, des Fortschritts und der Anerkennung.

Sechs auf zweitem Platz:
Sie muß sich ihren Pflichten widmen
und das Essen kochen.
Beharrlichkeit bringt Heil.

Als sozialer und geistiger Mittelpunkt Ihrer Umgebung müssen

Sie nun Ihren Verpflichtungen nachkommen, und das mit stiller Beharrlichkeit. Dann winkt Erfolg.

Neun auf drittem Platz: Bei Familienstreitigkeiten wird zu große Strenge später bereut.
Wenn die Frauen schwatzen und die Kinder plappern, führt das schließlich zu Beschämung.
Heil und Gefahr.

Der Vater sollte mit Bestimmtheit, aber nicht zu großer Strenge strafen; allerdings ist es immer noch besser, zu streng als zu milde zu sein. Haben Sie die Wahl zwischen einer uneingeschränkten Situation und einer eingeschränkten Lage, sollten Sie die Beschränkung wählen. Sie könnten sich jetzt leicht schlechte Gewohnheiten aneignen.

Sechs auf viertem Platz: Sie ist der Reichtum der Familie.
Großes Heil.

Wohlstand und Anerkennung werden angedeutet. Die Frau war Verwalterin des Haushaltes und wußte geschickt und ausgewogen mit materiellen Verpflichtungen umzugehen. Sie sollte jedem Menschen als Vorbild dienen, der in irgendeiner Weise eine verwaltende Funktion innehat.

Neun auf fünftem Platz: Der König dehnt seinen Einfluß auf die ganze Familie aus.
Keine Angst. Heil.

Der Vater sollte wie ein König seine Familie mit Liebe und Tugend leiten. Ein solcher Mann genießt auch im größeren Kreis die Achtung und das Vertrauen aller. Mit der Hilfe anderer können Sie einen Gewinn erzielen.

Oben eine Neun: Seine Ehrlichkeit wird geehrt.
Schließlich kommt Heil.

In der Gesellschaft hängt die Ordnung der Familie von ihrem Oberhaupt ab. Es muß seine Pflichten erkennen und seinen Einfluß geltend machen.

38
KUI Der Widerspruch

Das Zeichen besteht aus dem oberen Trigramm Li, die Flamme, die nach oben lodert, und aus dem unteren Trigramm Dui, der See, der nach unten sickert. Es besteht somit keine Beziehung zwischen den beiden Bewegungen; vielmehr stehen sie in Widerspruch zueinander. Das läßt auf offene oder latente Konflikte schließen.

Das Urteil

Der Widerspruch. Erfolg in kleinen Dingen.

Die Lage mag zwar belastend und stagnierend erscheinen und offenbar keine schöpferische Vereinigung zulassen, doch kann man, wenn man eine breitere Sicht der Dinge einnimmt, erkennen, daß gegensätzliche Elemente vorhanden sind, die zusammen schöpferisch wirken können. Dabei kann es sich um eine äußere oder innere Realität handeln. Es bestehen jedoch praktische Hindernisse, so daß nur kleineren Unternehmungen Erfolg beschieden ist.

Das Bild

Feuer über dem See: Das Bild des Widerspruchs.
So versteht es der Edle, inmitten der Gemeinschaft seine Individualität zu bewahren.

Feuer und Wasser behalten immer ihr eigenes Wesen, auch wenn sie ganz nah beisammen sind. Ebenso sollte eine weise Person sich nicht von den herrschenden Stimmungen beeinflussen lassen, sondern sich zuallererst auf ihre eigenen Werte zurückbesinnen und verlassen. Damit könnte man gleichzeitig auch seinen Charakter zum Positiven entwickeln. Wenn Sie sich einsam fühlen oder sich im Konflikt mit Dingen und Menschen befinden, sollten Sie großzügiger werden und gleichzeitig Ihre eigene Individualität bewahren.

Die Linien

Anfangs eine Neun: Wenn Du Dein Pferd verlierst, folge ihm nicht nach.
Es kommt von selber wieder.
Wenn Du bösen Menschen begegnest, achte auf Dein Verhalten.
Reue schwindet.

Versuchen Sie nicht, was verloren ist wiederzubekommen: Es wird nur dann auftauchen, wenn es so sein soll. Seien Sie einfach tolerant gegenüber schlechten Menschen und geduldig mit schlechten Verhältnissen, verhalten Sie sich neutral und hüten Sie sich vor gedankenlosen Fehlern. Nach vorübergehenden Rückschlägen folgt Fortschritt.

Neun auf zweitem Platz: Er trifft seinen Meister in einem finsteren Seitengäßchen.

Kein Fehler.

Aufgrund eines Mißverständnisses fehlt die sonst durchaus vorhandene Affinität zwischen den Menschen. Hier hilft möglicherweise ein Kompromiß oder eine *zufällige* Begegnung. Erfolg mit Hilfe von anderen.

Sechs auf drittem Platz: Man sieht, wie der Wagen angehalten und die Rinder zum Stehen gezwungen werden.

Den Menschen werden Haare und Nase abgeschnitten.

Kein guter Anfang, aber ein gutes Ende.

Eine Zeit komplizierter, gefährlicher Hindernisse, gefolgt von einer Zeit der Harmonie. Sie haben das Gefühl, daß alles schiefgeht. Halten Sie sich an das, was stimmt, dann nimmt alles ein gutes Ende.

Neun auf viertem Platz: Durch Widerspruch vereinsamt, trifft man einen Gleichgesinnten, auf den man sich verlassen kann.

Trotz der Gefahr kein Fehler.

Auch wenn Sie aufgrund einer Apathie allein dastehen, können Sie mit Hilfe eines einfühlsamen Partners die Gefahren der Einsamkeit umgehen. Allerdings kann eine solche Beziehung ihre Grenzen haben. Andere Menschen stehen Ihnen bei, so daß Sie auch inmitten der Gefahr sicher sind. Schwierigkeiten lösen sich auf und ein Zustand der Harmonie folgt.

Sechs auf fünftem Platz: Mit Hilfe der Zähne klammert er sich an einen Verwandten.

Wenn man solche Hilfe annimmt, wie wäre das ein Fehler?

In dieser Zeit allgemeiner Entfremdung findet man einen Menschen, der einem geistig verwandt ist. Wenn die Beziehung aufrichtig gemeint ist, ist eine Zusammenarbeit mit dieser Person von Nutzen.

Oben eine Neun: Durch Widerspruch vereinsamt, sieht man ihn wie ein schmutzbeladenes Schwein, wie einen Wagen voll Teufel.

Er spannt den Bogen, dann legt er ihn nieder.

Er ist kein Räuber, sondern ein Freier.

Beim Fortschreiten fällt Regen. Heil.

Man ist mißtrauisch und verkennt seine besten Freunde als Feinde und nimmt eine abwehrende Haltung ein. Nun ist es wichtig, seinen Irrtum einzusehen, und dann wird sich bald herausstellen, daß alles in Ordnung ist. Die Widersprüche werden sich auflösen, wenn man die richtige Einstellung hat.

39
GIËN Das Hindernis

Das Hexagramm bedeutet Schwierigkeiten, Gefahr oder Hindernisse. Kan, das Wasser, über Gen, dem Berg, beschreibt einen vorübergehend gestauten See, der, wenn er freigegeben wird, über die Dörfer und Felder am Fuße des Berges hinunterstürzen kann. Das Bild eines Abgrundes (Kan) vor dem Berg deutet darauf hin, daß jetzt jede Bewegung schwierig und gefährlich ist.

Das Urteil

Das Hindernis. Der Südwesten ist förderlich.
Der Nordosten ist nicht förderlich.
Den großen Mann aufsuchen bringt Gewinn.
Beharrlichkeit bringt Heil.

Der Südwesten ist verbunden mit dem Trigramm Kun, die Ebene, wo die gefährliche Kraft des Wassers zum Wohle der Gemeinschaft besänftigt wird. Um zu entrinnen, kann es nötig sein, sich der Führung einer höheren Autorität – sei dies nun eine lebende Person, ein Glaubenssystem oder ein Ideal – anzuvertrauen. Versuchen Sie, standhaft und umsichtig Ihren Weg zu verfolgen, und lassen Sie sich nicht dazu drängen, herkömmliche und im Grunde genommen nutzlose *Lösungen* zu wählen.

Das Bild

Wasser auf dem Berg: Das Symbol des Hindernisses.
Der Edle richtet seine Aufmerksamkeit nach innen.
So bildet er seinen Charakter.

Was wir bei auftretenden Schwierigkeiten als unangenehm empfinden, wird meistens durch unsere eigene Reaktion verursacht. Sie sollten nicht versuchen, auf neurotische und nutzlose Weise eine Lösung zu finden, sondern Sensibilität gegenüber der eigenen Lage entwickeln und eine Haltung einnehmen, die auf Harmonie zielt.

Die Linien

Anfangs eine Sechs: Wer fortschreitet, stößt auf Hindernisse.
Wer sich zurückzieht, erntet Lob.

Wer sich für das Vorwärtsdrängen entscheidet, wählt den harten, den Yang-Weg. Das sei jedem, der das kann, anheimgestellt. Wer bleibt, geht den weichen, den Yin-Weg, der nicht schwierig ist. Bleibt die Frage, welcher von beiden der realistischere ist. Dies ist nicht der Zeitpunkt für neue Unternehmungen. Vielmehr sollten Sie abwarten, bis der richtige Zeitpunkt zum Handeln gekommen ist.

Sechs auf zweitem Platz: Der Bote des Königs stößt auf viele Hindernisse.
Das ist aber nicht seine eigene Schuld.

Während man sich normalerweise angesichts eines realen oder eingebildeten Hindernisses zurückzieht, muß man es in diesem Fall direkt angehen, da man sich einem höheren Ziel verpflichtet hat.

Neun auf drittem Platz: Wer fortschreitet, stößt auf Hindernisse.
Deshalb zieht er sich zurück.

Auch wenn Sie den Wunsch hätten vorwärtszuschreiten, dürfen Sie es nicht, weil andere Menschen von Ihnen abhängig sind. Nun ist Vorsicht ratsam, und günstige Verbindungen sind möglich.

Sechs auf viertem Platz: Wer fortschreitet, stößt auf Hindernisse.
Wer sich zurückzieht, kann sich mit anderen vereinigen.

Es besteht die große Gefahr, daß man die Unterstützung anderer für selbstverständlich hält, seine eigenen Kräfte falsch einschätzt und sich in Schwierigkeiten stürzt. Es ist deshalb besser, sich zurückzuhalten, sich der Unterstützung der anderen zu vergewissern und auf einen günstigeren Zeitpunkt zu warten. Wer jetzt gewissenhaft und bescheiden vorgeht, hat Erfolg.

Neun auf fünftem Platz: Er kämpft mit furchtbaren Schwierigkeiten.
Freunde kommen ihm zu Hilfe.

Man sieht sich vor scheinbar unlösbare Probleme gestellt, und doch erfordert die Situation, daß man handelt. Es kann auch sein, daß man das Problem eines anderen Menschen auf sich nimmt. Auf jeden Fall vermag man dank seines Geistes und seines Verantwortungsbewußtseins Gleichgesinnte anzuziehen. Dank der Zusammenarbeit werden die Hindernisse überwunden und man hat Erfolg.

Oben eine Sechs: Fortschreiten bringt Hindernisse.
Rückzug bringt Heil.
Es ist förderlich, den großen Mann aufzusuchen.

Am liebsten würde man die ganze lästige Angelegenheit hinter sich lassen, doch wird man von Schwierigkeiten und Wertvorstellungen zurückgehalten. Gehen Sie die Probleme mit einer abgeklärten, selbstlosen Haltung an: Darauf beruht die Tatsache, daß das Urteil günstig ist. Gehen Sie eine Person um Hilfe an, die Autorität, Stärke und Weisheit besitzt.

40
HIË Die Befreiung

Nun lösen sich die Schwierigkeiten des vorigen Zeichens, das Hindernis ist beseitigt. Die beschriebene Zeit ist der Frühling oder der frühe Morgen: Beide bedeuten neues Leben und enthalten die Möglichkeit zu harter Arbeit. Allerdings bergen die Anzeichen nahender Erlösung oder erfolgreichen Gelingens auch die Gefahr, daß man sich zu früh entspannt und eine Tätigkeit wieder aufnimmt, die durch die vergangenen Unannehmlichkeiten unterbrochen wurde. Blicken Sie in die Zukunft.

Das Urteil

Die Befreiung. Der Südwesten ist förderlich.
Bleibt nichts mehr zu tun, ist die Rückkehr angebracht.
Ist noch etwas zu tun, ist Eile angebracht.

Langsam normalisiert sich die Lage wieder, und nun gilt es, so rasch wie möglich zur gewohnten Ordnung zurückzukehren und geregelte Verhältnisse herzustellen. Eines ist besonders wichtig: Hüten Sie sich vor überschwenglicher Begeisterung oder Übertreibung, damit Sie ohne Verzögerung mit der neuen Zeit Schritt halten und vorwärtsmachen können.

Das Bild

Grollender Donner, gefolgt von Regen: Das Bild der Befreiung.
So verzeiht der Edle Fehler und vergibt die Schuld.

Das Gewitter reinigt die Luft und befreit von Spannungen. Ebenso klärt die Vergebung von Fehlern die Situation. Dieses Hexagramm symbolisiert das Koan des Zen-Buddhismus sowie die Erfahrung, die man macht, wenn man eine östliche Kampfkunst ausübt. Bei beiden erlangt man große geistige Klarheit, nachdem man körperliche und seelische Qualen ausgestanden hat. Diese Klarheit sollte man besitzen, bevor man sich an ein großes Unternehmen wagt.

Die Linien

Anfangs eine Sechs: Ohne Tadel.

Mit großer Geduld und Mühe hat man vergangene Schwierigkeiten erduldet, und nun ist Ruhe eingekehrt. Wenn Sie dabei sind, ein neues Projekt oder eine schwierige Aufgabe in Angriff zu nehmen, sind die Aussichten gut.

Neun auf zweitem Platz: Auf der Jagd erlegt er drei Füchse.
Er bekommt goldene Pfeile.
Beharrlichkeit bringt Heil.

Der Fuchs symbolisiert einen arglistigen oder unehrlichen Menschen. Gelb, die Farbe der Mitte oder Korrektheit, zusammen mit dem Bild der Pfeile, die gerade fliegen, ist ein Symbol für direktes und maßvolles Handeln. Es ergibt sich somit das Bild eines Menschen, der aufgrund natürlicher Fähigkeiten oder aufgrund seiner Hilfsbereitschaft eine Stellung erringt, die weniger spontanes und mehr überlegtes Vorgehen erfordert. Eine Zeit des Erfolges.

Sechs auf drittem Platz: Wer sein Hab und Gut auf dem Rücken trägt und dennoch in einem Wagen fährt, veranlaßt die Räuber, ihn auszurauben.
Beharrlichkeit führt zu Beschämung.

Ein Mensch, der sich von ärmlichen Verhältnissen und Not befreit hat, kann doch seine Vergangenheit nicht leugnen und spielt sich unmöglich auf bzw. will es sich bequem machen. Passen Sie auf und bleiben Sie korrekt, auch wenn alles scheinbar gut läuft.

Neun auf viertem Platz: Befreie Dich von Deiner großen Zehe.
Wenn der Feind herbeikommt, kannst Du ihm trauen.

Die große Zehe versinnbildlicht eine gemeine, unzuverlässige Person, die sich einem höheren Menschen angeschlossen hat. Sie müssen sich von dieser Art Verstrickung befreien, sonst verlieren Sie das Glück, das Sie erwartet.

Sechs auf fünftem Platz: Wenn der Edle sich befreien kann, bringt es ihm Heil.
So gewinnt er das Vertrauen der Gemeinen.

Jede Befreiung, gleich welcher Art, erfordert immer eine Anstrengung. Das dürfen Sie nie vergessen. Ebenso wichtig ist der innere Entschluß, sich befreien zu wollen. Dann können Sie, mit der entsprechenden Haltung, bedeutende Dinge vollbringen und erfolgreich wirken.

Oben eine Sechs: Der Fürst schießt nach dem Habicht auf der hohen Mauer und erlegt ihn.
Alles ist förderlich.

Der Habicht symbolisiert eine schlechte Einstellung oder eine gemeine Person, die ungerechtfertigterweise Bedeutung erlangt hat und nun rasch beseitigt werden muß. Dies gelingt, wenn Sie das Vorgehen sorgfältig planen und die richtige Taktik anwenden. Wenn Sie außerdem noch vorsichtig sind, ernten Sie Anerkennung und Erfolg.

41
SUN Die Verminderung

Gen, der Berg, über Dui, dem See, beschreibt die Verminderung, den Niedergang, ja sogar den Verlust, da der Kamm des Berges abbröckelt und ins Wasser stürzt. Es handelt sich hierbei auch um die Verminderung eines Teiles zugunsten eines anderen; mit anderen Worten, was des einen Verlust, ist des anderen Gewinn. Es geht bei diesem Zeichen darum, sich der Zeit anzupassen.

Das Urteil

Verminderung verbunden mit Ehrlichkeit,
bringt großes Heil ohne Tadel.
Man kann beharrlich sein.
Weitermachen ist förderlich.
Wie sollte man das tun?
Indem man zwei Schüsseln Reis opfert.

Hier gilt es, sich der Zeit anzugleichen und sich den Zwängen zu fügen, und zwar durch Genügsamkeit, Einfachheit und Bescheidenheit. Wenn es einem gelingt, dies zu verstehen, kann man Großes vollbringen. Das Opfer von zwei Schüsseln Reis, ebenso wie die Geschichte von der Witwe mit ihrem Scherflein (Lukas-Evangelium), weist darauf hin, daß selbst die kleinste Tat, wenn sie ehrlich gemeint ist, Gutes bewirken kann.

Das Bild

Der See am Fuße des Berges: Das Bild der Verminderung.
So bändigt der Edle seinen Zorn
und beherrscht seine Triebe.

Der Berg, Symbol für Eigensinn und Härte, ja sogar Wut, bröckelt in den See der Freude und Fröhlichkeit. Die Auflösung der Härte bringt Freude. Hysterische Lustigkeit und Albernheit werden verhindert, da der See verdunstet und den Berghängen wohltuende Feuchtigkeit spendet. Es hat keinen Sinn, traurig zu sein, auch wenn Sie Freunde verlieren und materielle Verluste erleiden. Durch eine Neuorientierung und Anpassung der inneren Werte können Sie sich persönlich wesentlich weiterentwickeln.

Die Linien

Anfangs eine Neun: Rasch hingehen, wenn das Geschäft fertig ist,
ist ohne Tadel.
Aber erwäge sorgfältig die Verminderung.

Wer andern hilft, weil er sein eigenes Geschäft erledigt hat, muß aufpassen, daß er nicht zuviel von sich gibt oder mit seiner Hilfe als Eindringling empfunden wird. Seien Sie also maßvoll mit jeder Hilfe, sowohl im Geben wie im Nehmen, dann gewinnen Sie die Zustimmung der anderen.

Neun auf zweitem Platz: Beharrlichkeit ist förderlich.
Fortschreiten bringt Unheil.
Man kann anderen helfen, ohne sich selbst zu schwächen.

Im jetzigen Zeitpunkt ist Fortschritt unwahrscheinlich, und somit sind auch Zukunftspläne nicht ratsam. Hier wird eine Person dazu bewogen, bei etwas mitzuhelfen, das ihr gegen den Strich geht, und sie höchstwahrscheinlich belastet und schwächt. Wahren Sie Ihre Integrität, denn ohne sie können Sie weder sich selbst noch anderen helfen.

Sechs auf drittem Platz: Wenn drei Menschen miteinander wandern, so vermindern sie sich um einen.
Wenn ein Mensch alleine wandert, findet er einen Freund.

Drei bilden ein unmögliches Dreieck: Einer muß gehen. Doch findet dieser sicher einen anderen Gefährten. Sie erhalten Unterstützung von anderen Menschen.

Sechs auf viertem Platz: Wenn man seine Fehler mindert, kommt ein anderer freudig herbeigeeilt.
Kein Tadel.

Eine Zeit, in der Leute Ihnen gerne helfen möchten, ohne eine Gegenleistung zu erwarten, doch sollten Sie sich bemühen, Ihre Fehler abzulegen.

Sechs auf fünftem Platz: Er wird großzügig bereichert.
Auch zehn Paar Schildkröten können sich dem nicht widersetzen.
Großes Heil.

Das Schicksal ist Ihnen günstig gestimmt. Alle Orakel (dargestellt durch die Schildkröten, deren Schalen in der alten chinesischen Methode benutzt wurden) müssen damit übereinstimmen. Nichts kann Ihnen im Wege stehen.

Oben eine Neun: Wenn man ohne Verminderung der anderen sich selbst bereichert, so ist das ohne Tadel.
Beharrlichkeit bringt Heil.
Fortschreiten bringt Gewinn.
Hat man sein Heim verlassen, findet man überall Freunde.

Wer großen Erfolg hat, ohne andere auszubeuten, und seinen Reichtum mit anderen teilt, läßt andere an seinem Erfolg teilhaben und beweist damit große Charakterstärke. Dann wird einem überall, wohin man geht, Hilfe und Anerkennung zuteil.

Die Vermehrung

Sun über Dschen läßt einen an üppige Wälder voll blühender Blumen und Pflanzen denken. Der Gedanke des Wachstums drückt sich auch dadurch aus, daß die unterste Linie des oberen Trigramms gewichen ist und einer schwachen Linie Platz gemacht hat. Das bedeutet, daß das Höhere und Starke eine rücksichtsvolle und dienende Haltung einnimmt. Eine solche Zurückhaltung gilt als äußerst heilbringend.

Das Urteil

Die Vermehrung. Es ist förderlich fortzuschreiten.
Das große Wasser zu durchqueren, ist förderlich.

Die Zeit der Vermehrung dauert nicht ewig, und deshalb sollten Sie jetzt ohne zu zögern handeln. Dies gilt sogar für größere und gefährliche Unternehmungen.

Das Bild

Wind und Donner ergänzen sich: Das Bild der Vermehrung.
So ahmt der Edle das Gute nach, wenn er es sieht
und korrigiert den Fehler.

So wie Wind und Donner sich gegenseitig ergänzen und stärken, so sollte es auch in Beziehungen sein. Achten Sie darauf, daß nicht der eine Partner meint, er sei großzügig, sich in Wirklichkeit jedoch auf egoistische Weise von der selbstlosen Unterstützung des anderen nährt. Dies können Sie verhindern, indem Sie sich der Lage bewußt werden und sich einer kritischen Selbstprüfung unterziehen.

Die Linien

Anfangs eine Neun: Großes zu vollbringen ist förderlich,
und bringt höchstes Glück. Kein Tadel.

Sie müssen diese Zeit des Glücks nutzen, um große Taten zu vollbringen, ohne Schuldgefühle zu hegen, weil Ihr eigenes Glück scheinbar auf Kosten der anderen geht. Hüten Sie sich vor Egoismus, dann haben Sie sehr großen Erfolg.

Sechs auf zweitem Platz: Er wird großzügig bereichert.
Zehn Paar Schildkröten können sich dem nicht widersetzen.
Dauernde Beharrlichkeit bringt Heil.
Der König ehrt ihn vor dem Altar Gottes. Heil.

Es bestehen zwar gewisse Widerstände gegen die Hilfe oder das Glück, das Ihnen zusteht, doch ist das Schicksal auf Ihrer Seite, was jedes Orakel (ausgedrückt durch die Schildkröten) bestätigen würde. Mit dem Bild der Ehrerbietung vor den höchsten Weltgesetzen wird betont, daß Erfolg eine Folge der inneren Gottesliebe ist.

Sechs auf drittem Platz: Vermehrung durch unglückliche Ereignisse.

Darauf folgt kein Tadel, wenn Du ehrlich bist, in der Mitte wandelst und bist wie einer, der das Amtssiegel trägt.

Neue Möglichkeiten tun sich auf, insbesondere neue Verantwortungsbereiche. Wer großzügig und hilfsbereit ist, wird belohnt. Der weise Mensch befindet sich in Einklang mit der Zeit, und das verleiht seinen Taten eine natürliche Autorität (Bild des Amtssiegels).

Sechs auf viertem Platz: Wenn Du in der Mitte wandelst, wird sogar der Fürst Deinem Rat folgen.

Es ist förderlich, beim Wiederaufbau der Hauptstadt zuverlässig zu sein.

Ein Mensch in einer Vertrauensposition darf seine Stellung niemals mißbrauchen. Wenn es dringend nötig ist, wichtige Schritte zu unternehmen, sollten Sie – in Übereinstimmung mit den Erfordernissen der Zeit – die Verantwortung dafür übernehmen. Neue Verpflichtungen sowie Gelegenheiten, die Erfolg versprechen, kommen auf Sie zu.

Neun auf fünftem Platz: Gütige Ehrlichkeit stellt keine Ansprüche.

Großes Heil.

Die Menschen vertrauen solch einer Güte ohne Zweifel.

Wer wahrhaftige Güte besitzt, rechnet nicht und fragt nicht nach Gegenleistung oder Dank. Sie machen gegenwärtig eine innere Entwicklung durch, und in der Folge erwarten Sie neue Verantwortungsbereiche und günstige Gelegenheiten, die Ihnen einen Aufstieg ermöglichen.

Oben eine Neun: Für niemanden eine Vermehrung.

Jemand schlägt ihn.

In seinem Herzen ist er unbeständig. Unheil.

Sie stoßen auf Abneigung und müssen Kränkungen, Vergeltungsschläge und Verluste einstecken. Wer es versäumt hat, sein Glück pflichtgemäß mit anderen zu teilen, sieht sich bald vereinsamt und verachtet. Auch wenn Sie gute Prinzipien haben, nützt das nichts, wenn Sie diese nicht in die Tat umsetzen. Mit dieser Linie wird Ihnen eine konzentrierte und vor allem eine ruhige und besinnliche Haltung empfohlen.

43
GUAI Die Entschlossenheit

Dieses Zeichen enthält einerseits eine Entscheidung oder einen Durchbruch nach einer langen Zeit der Anspannung, symbolisiert durch den bevorstehenden Wolkenbruch (Dui, der See, über Kiën, dem Himmel), und andererseits stellt es eine Zeit dar, in der Gemeinheit langsam schwindet. Es geht hier um die Kraft, die in gleichem Maße Gutes wie Unangenehmes und Disharmonie schaffen kann, und darum, wie man diese Kraft auf sinnvolle Weise beherrscht.

Das Urteil

Die Entschlossenheit. Die Sache muß vor dem höchsten Gericht mit Ernsthaftigkeit und Entschlossenheit dargelegt werden.
Man muß sie dem Volk verkünden,
doch ist es nicht förderlich, Gewalt anzuwenden.
Fortschreiten bringt Erfolg.

Selbst der kleinste Fehler muß korrigiert werden; dies erfordert Entschlossenheit. Seien Sie offen und ehrlich, auch wenn es strategisch gesehen unklug erscheint, und ziehen Sie jede Art von Hilfe ernsthaft in Betracht, doch vergewissern Sie sich vorher, daß Sie nicht Gleiches mit Gleichem bekämpfen. Die feindlichen Kräfte sind jetzt an einem Tiefpunkt angelangt.

Das Bild

Der See ist bis zum Himmel angestiegen:
Das Bild der Entschlossenheit.
So spendet der Edle Reichtum nach unten,
und läßt nicht zu, daß seine Gaben brachliegen.

Hier wird eine Situation oder eine Person geschildert, die stark und einflußreich ist. Die Dinge erfahren einen Wandel, ob zum Guten oder Schlechten, hängt von der Hauptfigur und von den Gefühlen ab, die andere ihr entgegenbringen. Auf Gewinn folgt immer Verlust, und so teilt der Weise seinen Reichtum und schaut zu, daß er nicht vereinsamt, indem er am Leben teilnimmt.

Die Linien

Anfangs eine Neun: Mächtig in den vorwärtsschreitenden Zehen.
Wer ohne Fähigkeiten fortschreitet, begeht einen Fehler.

Wenn Sie der Aufgabe nicht gewachsen sind, hat es keinen Sinn, sie lösen zu wollen, denn dann bekommen Sie nur Schwierigkeiten. Wer unbescheiden ist, gerät in Konflikt.

Neun auf zweitem Platz: Er schlägt Alarm
und ergreift die Waffen gegen das Unvorhergesehene.
Bleibe fest und fürchte nichts.

Entschlossenheit ist mit Vorsicht untrennbar verbunden. Erwarten Sie das Unerwartete und verhalten Sie sich so, als seien Sie ständig in Gefahr. Lassen Sie die Vernunft über die Leidenschaft siegen und bleiben Sie aufmerksam, dann haben Sie Erfolg.

Neun auf drittem Platz: Seine Macht im Gesicht zu zeigen bringt Unheil.
Der Edle ist entschlossen und wandelt allein im Regen.
Er wird von der Flut erfaßt und erntet Haß.
Am Ende kein Tadel.

Sie haben Unannehmlichkeiten mit anderen, doch wendet sich alles zum Guten, wenn sie innerlich fest entschlossen und in all Ihrem Tun und Denken korrekt bleiben.

Neun auf viertem Platz: Ohne Haut an den Oberschenkeln kann er kaum gehen.
Ließe man sich führen wie ein Schaf, würde die Reue schwinden.

Wenn man ruhelos und zu eigensinnig ist und unter allen Umständen vorwärtskommen will, versteht man das Wesen der Hindernisse, die vor einem liegen, nicht. Einzig wenn man auf den Rat der anderen hört und vorsichtig und vernünftig handelt, kann man etwas erreichen, doch muß man dazu von seinem Eigensinn ablassen.

Neun auf fünftem Platz: Zum Unkrautjäten braucht man feste Entschlossenheit.
Wer in der Mitte wandelt, macht keinen Fehler.

Der Kampf gegen das Böse hört nie auf, und man muß immer wieder erkennen, daß das Böse existiert. Sie müssen das Vorhandensein des Bösen akzeptieren, ohne jedoch zu vertraut mit ihm zu werden. Bleiben Sie fest entschlossen und Ihren Prinzipien treu. Der Mittelweg des Buddhismus ist das Ideal, und Sie sollten nur kultivieren, was gut ist. Wenn Sie sich vom Bösen zu befreien suchen, müssen Sie aufpassen, daß Sie nicht gleichzeitig auch das Gute zerstören. Nach anfänglichen Schwierigkeiten erreichen Sie Ihr Ziel und haben Erfolg.

Oben eine Sechs: Kein Hilferuf. Schließlich kommt Unheil.

Es ist jetzt nicht ratsam, neue Projekte zu starten. Gerade, wenn Sie das Gefühl haben, Sie hätten Ihr Ziel erreicht und könnten deshalb in Ihrer Entschlossenheit nachlassen, könnten plötzlich destruktive Kräfte auftauchen und alles zerstören. Es ist von entscheidender Bedeutung, daß Sie sich dessen bewußt sind. Auch könnten Sie in Familienstreitigkeiten oder andere Konflikte verwickelt werden.

44
GOU Die Versuchung

Das schwache Prinzip dringt ein und kündet damit das Auftauchen eines gefährlichen, wenn auch scheinbar harmlosen Elementes an. Kiën, die starke Kraft (oben), begegnet Sun, der weiblichen und durchdringenden Kraft. Das bedeutet, daß das Männliche – ein Führer, eine Autoritätsperson oder eine stabile Situation – von einem schwachen, aber mächtigen Element beeinflußt wird. Gou bringt Erfolg für kurzfristige Projekte.

Das Urteil

Die Versuchung.
Das Mädchen ist mächtig.
Man sollte sie nicht heiraten.

Der schwache und gemeine Mensch lenkt die Aufmerksamkeit auf sich und gewinnt auf diese Weise eine Machtposition. Wenn Sie auf Betrug und Hintergedanken verzichten, kommt es erst gar nicht dazu, doch bedarf es dazu der Einsicht und Charakterstärke.

Das Bild

Der Wind weht unter dem Himmel: Das Bild der versuchenden Begegnung.
So verbreitet der Fürst seine Befehle
und verkündet sie in alle vier Himmelsrichtungen.

Der Wind bringt die schöpferischen Kräfte des Himmels auf die Erde. Die Linie enthält eine Warnung vor mangelnder Bescheidenheit und Feinfühligkeit angesichts der sich wandelnden Kräfte, die Sie umgeben. Schaffen Sie Ordnung und klare Verhältnisse.

Die Linien

Anfangs eine Sechs:
Man muß ihn hemmen wie mit einer Metallbremse.
Beharrlichkeit bringt Heil.
Fortschreiten bringt Unheil.
Selbst das Toben eines kleinen Schweines wirkt zerstörerisch.

Wenn sich ein minderwertiges Element – etwa ein unkontrolliertes Verlangen – eingeschlichen hat, muß man es sofort hemmen und auch konsequent weiterhemmen, da sonst Schaden entsteht. Fortschreiten ist in diesem Fall höchstens für Menschen angezeigt, die eher beschaulich veranlagt sind.

Neun auf zweitem Platz: Ein Fisch in einem Behälter.
Kein Tadel.
Kein Gewinn für den Gast.

Halten Sie die schwachen oder gefährlichen Elemente der jetzigen Situation unter Kontrolle und lassen Sie nicht zu, daß diese mit Menschen, die Sie lieben oder achten, in Berührung kommen. Man hilft Ihnen und befördert Sie möglicherweise sogar.

Neun auf drittem Platz: Ohne Haut an den Oberschenkeln kann er nicht gehen.

Daraus erwächst kein großer Schaden, ist man sich der Gefahr bewußt.

Man ist versucht, sich von schwachen Prinzipien oder minderwertigen Elementen beeinflussen zu lassen, doch wird man glücklicherweise von den Umständen daran gehindert. Bedenken Sie alle Gesichtspunkte, sonst geraten Sie in Schwierigkeiten. Unheil ist angedeutet.

Neun auf viertem Platz: Kein Fisch im Behälter. Unheil.

Sie haben sich von kleinen Leuten verführen lassen, und diese ziehen sich jetzt zurück. Unter Umständen sollten Sie Menschen von scheinbar geringem Einfluß dulden, damit sie Ihnen wohlgesinnt bleiben und sich Ihnen nicht entfremden.

Neun auf fünftem Platz: Eine mit Laub bedeckte Melone.

Verborgene Herrlichkeit. Segen vom Himmel.

Die Melone ist eine Frucht, die zwar süß schmeckt, aber leicht fault, weshalb sie mit Blättern schützend zugedeckt wird. So duldet ein weiser Mensch die Niedrigen und Schwachen und schützt sie, doch stört er die anderen nicht, indem er seine Tugend zur Schau stellt. Sie können durchaus Nutzen ziehen aus dem Umgang mit sanften, schwachen Menschen (oder auch aus einem leichten Vergnügen), wenn Sie in Übereinstimmung mit Ihrem Innersten arbeiten und mit Kraft und Konsequenz – nicht aber Arroganz und Kritiksucht – handeln. Das führt zum Erfolg.

Oben eine Neun: Begegnung mit gesenkten Hörnern.

Reue, aber kein Tadel.

Sie haben sich von der Welt und von negativen Einflüssen zurückgezogen und stoßen alles Gemeine schroff zurück, was zu Verachtung seitens Ihrer Mitmenschen führt und den Eindruck vermittelt, Sie seien stolz und unzugänglich. Sie müssen deshalb erkennen, daß Gelassenheit angezeigt ist, denn auch wenn diese Zeit schwierig für Sie sein sollte, so bringt sie doch eine neue Verantwortung mit sich.

45
TSUI Die Sammlung

Dui, der See, über Kun, der Erde, bedeutet, daß sich Wasser zu einem See ansammelt, was die Idee der Sammlung noch stärker betont als im Zeichen Bi, das Zusammenhalten (Nr. 8), wo eine stabilere Lage dargestellt ist. Unter diesem Zeichen vereinigen sich Menschen, weil sie miteinander übereinstimmen und gemeinsam etwas erreichen wollen. Dabei müssen sie aufpassen, daß kein Chaos entsteht, und sich bemühen, stabile, geordnete und dauerhafte Verhältnisse zu schaffen.

Das Urteil

Die Sammlung. Erfolg.
Der König begibt sich zum Tempel.
Den großen Mann aufsuchen bringt Erfolg.
Beharrlichkeit ist förderlich.
Große Opfer zu bringen bewirkt Heil.
Unternehmungen sind förderlich.

Eine Gemeinschaft von Menschen gedeiht und hat Erfolg, wenn ihre Mitglieder in Übereinstimmung miteinander handeln. Die Vorteile der Übereinstimmung werden noch durch die Opfergaben, die der Führer darbringt, verstärkt. Stellen Sie Ihre persönliche Meinung zugunsten der Gruppenbedürfnisse zurück.

In diesem Zeichen geht es primär um den Führer, und in einem tieferen Sinne um das *Zentrum* der Gruppe. Das muß nicht unbedingt eine Person sein, die nach außen hin die Führung der Gruppe innehat, sondern kann die lenkende Kraft sein, die jeder fruchtbaren Vereinigung zugrundeliegt und sie zusammenhält.

Das Bild

Der See sammelt sich auf der Erde: Das Bild der Sammlung.
So hält der Edle Waffen bereit.
Um Unvorhergesehenem zu begegnen.

Wenn das Wasser, von Erde umgeben, sich zu einem See sammelt, besteht immer die Gefahr, daß es überfließt. Diese Gefahr könnte entweder von der Gruppe selbst (auch wenn Harmonie zu herrschen scheint) oder von außen kommen.

Die Linien

Anfangs eine Sechs: Wenn Du ehrlich bist, aber nicht bis zum Schluß, gibt es zuerst Sammlung, dann Verwirrung.
Wenn Du rufst, kannst Du nach einem Händegriff wieder glücklich lachen. Keine Sorge: Du machst keinen Fehler.

In dieser Situation ist ein Führer unbedingt notwendig. Die geeignete Person, die bereits die treibende Kraft ist und die Ziele der Gruppe bestimmt, existiert, und Sie sollten sich ihr anschließen. Die Gruppe muß ihre Bedürfnisse und die entsprechende Lösung erkennen. Nach anfänglichen Schwierigkeiten haben Sie Erfolg.

Sechs auf zweitem Platz: Sich zusammenführen zu lassen bringt Heil. Kein Tadel.

Wenn man ehrlich ist, ist selbst ein kleines Opfer förderlich.

Zweifellos gibt es eine geheimnisvolle Kraft, die einen zu bestimmten Menschen oder Dingen hinzieht, und diese ist keineswegs eine Laune des Zufalls, sondern in Übereinstimmung mit den Gesetzen des Lebens und der Zeit. So wie ein bescheidenes Opfer von ehrlichen Menschen geschätzt wird, so ist die Wahl, die man trifft, auf subtile Weise in Einklang mit dem Weg, den uns unsere innere Stimme diktiert.

Sechs auf drittem Platz: Sammlung unter Seufzen.

Nichts ist förderlich.

Fortschreiten ist kein Fehler. Ein wenig Reue.

Man fühlt sich isoliert und beschämt. Nur wenn man entschlossen den Anschluß an die Person im Mittelpunkt der Sammlung sucht, kann man etwas erreichen, doch wird das nicht leicht sein. Vorsicht ist geboten. Probleme lösen sich.

Neun auf viertem Platz: Großes Heil. Kein Tadel.

Sie tun sich mit anderen zusammen und opfern Ihre persönlichen Interessen zugunsten der Sache. Das bringt Ihnen persönlichen Erfolg. Durch unkorrektes Verhalten oder Streitigkeiten in der Gruppe entstehen Schwierigkeiten, ja möglicherweise bricht sogar Haß aus.

Neun auf fünftem Platz: Wenn man in der Gruppe eine hohe Stellung hat, ist das kein Fehler.

Wenn manche die Sache anzweifeln, bedarf es großer, dauernder Beharrlichkeit.

Dann schwindet die Reue.

Wenn sich die Menschen von selbst um einen sammeln, ist das an sich erfreulich und vielleicht sogar nützlich, doch kann es auch sein, daß sich manche nur um der einflußreichen Stellung willen von einem angezogen fühlen. Mit solchen Menschen geht man am besten offen und prinzipienbewußt um, dann kann man auch ihr Vertrauen gewinnen.

Oben eine Sechs: Klagen und Weinen, aber kein Fehler.

Weil man sich einer Gruppe nicht anschließen kann, jammert man und klagt. Das ist nur natürlich und durchaus angebracht. Eine Zeit der Trauer und unklare Verhältnisse.

SCHONG Das Empordringen

Die Pflanzen, symbolisiert durch Sun, das Holz (unten), dringen durch die Erde (Kun) nach oben. Damit ist der Gedanke des Wachstums angedeutet, und die entsprechende Jahreszeit ist der Frühling. Betont wird weniger die einfache Expansion, wie im Zeichen 35, als vielmehr die Bewegung nach oben, das Aufsteigen zu Macht und Einfluß aus Unbekanntheit und Niedrigkeit, was eine Willensanstrengung erfordert.

Das Urteil

Das Empordringen. Großer Erfolg.
Du solltest den großen Mann aufsuchen: Fürchte dich nicht.
Aufbruch nach Süden bringt Heil.

Bleiben Sie immer vorsichtig und korrekt, da sonst der Egoismus überhandnimmt und ins Unglück führt. Da Sie von der Gunst getragen werden, kommen Sie voran. Suchen Sie den Rat maßgebender Leute. Der Süden symbolisiert die Tätigkeit, also sollten Sie sich an die Arbeit machen, und zwar in selbstloser Absicht, dann schaffen Sie Harmonie. Ein günstiger Zeitpunkt, um stabile Verhältnisse herzustellen.

Das Bild

Inmitten der Erde wächst Holz: Das Bild des Empordringens.
So baut der Edle mit Hingabe Stück für Stück auf,
und macht aus dem Kleinen ein großes Werk.

Eine Pflanze, die empordringt, wächst langsam und stetig und umgeht jedes Hindernis. So geht der Weise, in Einklang mit dem Schicksal, entschlossen und mit Hingabe vor.

Die Linien

Anfangs eine Sechs: Empordringen, das Zutrauen gewinnt.

Obwohl man sich in einer schwachen Position befindet, gewinnt man mit seinen Bemühungen das Vertrauen der anderen und kann dadurch weit erfolgreicher sein als erwartet.

Neun auf zweitem Platz: Wenn er ehrlich ist, ist das kleinste Opfer schon förderlich. Kein Fehler.

Im einen Fall hat der Betreffende nur bescheidene Mittel zur Verfügung, doch schätzt man seine Bemühungen. Im anderen Fall handelt es sich um eine starke Person, die wenig auf äußere Form gibt, dafür aber innere Stärke und Aufrichtigkeit besitzt.

Neun auf drittem Platz:
Man dringt empor in die verlassene Stadt.

Hier haben wir jemanden, der ungehindert seinen Weg verfolgen kann oder den Weg des geringsten Widerstandes wählt. Er erreicht zwar sein Ziel, doch dürfte der Erfolg kaum von dauerhafter Natur sein. Oberflächlich betrachtet bestehen gute Aussichten.

Sechs auf viertem Platz: Er bekommt vom König einen Platz auf dem Berg Ki.

Heil. Kein Fehler.

König Wen bot den ehrenvollsten Bürgern einen Platz im großen Tempel des Berges Ki an. Sie haben Ihr Ziel erreicht und besondere Macht erlangt. Reisen sind günstig.

Sechs auf fünftem Platz: Beharrlichkeit beim Empordringen bringt Heil.

Förderlich ist schrittweises Vorgehen.

Wenn man sich seinem Ziel genähert und Erfolg gehabt hat, macht man leicht den Fehler, übermütig oder sorglos zu werden und Abkürzungen zu versuchen. Vergessen Sie nicht, daß nur der Mensch Erfolg hat, der unermüdlich und ständig sich bemüht.

Oben eine Sechs: Blindes Empordringen.

Förderlich ist es, unablässig beharrlich zu sein.

Wer ständig vorwärtsdrängt, läßt sich vom Ehrgeiz blenden. Einen derart unnatürlichen Fortschritt kann man nur durch bewußte und konsequente Anstrengung aufrechterhalten.

47
KUN Die Bedrängnis (die Erschöpfung) ䷮

Dies ist eines der wichtigsten *Gefahrzeichen* des I Ging und bedeutet extreme Schwierigkeiten, Armut und Unterdrückung. Die Erschöpfung ist dargestellt durch das Wasser (Kan), das unter dem See (Dui) liegt. Der See ist somit leer und erschöpft. Der Gedanke der Erschöpfung kommt auch noch auf eine andere Weise zum Ausdruck: Oben eine schwache Linie, die zwei starke unten hält, und unten eine starke Linie, die von zwei schwachen Linien eingeengt wird. Die Starken sind also von den Schwachen, die Edlen von den Gemeinen unterdrückt. Alle sechs Linien sind ungünstig, doch ist in der extremen Not der Keim für Erneuerung enthalten.

Das Urteil

Die Bedrängnis. Erfolg. Beharrlichkeit.
Der große Mann bewirkt Heil. Kein Fehler.
Was man mit Worten sagt, wird nicht geglaubt.

Widerstand läßt uns erstarken, oder anders ausgedrückt: Was mich nicht umbringt, macht mich stark. Für einen starken Menschen ist also die Not die Grundlage für spätere Erfolge. Wer sich durch Erschöpfung innerlich brechen läßt, der hat jedoch keinen Erfolg. Um aus der Not zu lernen, muß man die innere Tugend pflegen. Zur Schau getragene Tugend hat keine Wirkung. Nutzen Sie die Zeit, um Ihren Charakter zu entwickeln und bleiben Sie bescheiden.

Das Bild

Der See ohne Wasser: Das Bild der Erschöpfung.
Der Edle weiß, daß sein Leben davon abhängt,
ob er beharrlich seinen Weg verfolgt.

Ganz desillusioniert ist man an einem kritischen Punkt angelangt und stellt fest, daß die oberflächlichen Träume und korrupten Prinzipien von vorher plötzlich bedeutungslos geworden sind. Was man jetzt tut und denkt, wird die nächsten Jahre entscheidend prägen. Das Wichtigste ist also, sich jetzt in die Umstände zu fügen und sich dabei selber verstehen und kennen zu lernen.

Die Linien

Anfangs eine Sechs: Bedrängt unter einem kahlen Baum starrt man in ein dunkles Tal. Drei Jahre lang sieht man nichts.

Man ist übermannt von der Illusion, daß die Schwierigkeiten zu groß sind, als daß man sie bewältigen könnte, doch muß man diese Haltung, die auf innerer Verblendung beruht, überwinden, ganz unabhängig davon, wie schlimm die Dinge aussehen.

Neun auf zweitem Platz: Man fühlt sich bedrängt, ißt und trinkt jedoch. Die Gestalt mit den scharlachroten Verzierungen naht. Opfer zu bringen, ist förderlich.
Aufbrechen bringt Unheil, jedoch keinen Tadel.
Von außen gesehen scheint alles in Ordnung zu sein, doch innerlich fühlt man sich bedrängt und unzufrieden. Dann kommt Hilfe von oben (die Fürsten trugen im alten China scharlachrote Kniebinden), doch sind damit die Probleme noch nicht gelöst. Sie müssen bereit sein, Kompromisse einzugehen, und auf geistiger Ebene Anstrengungen unternehmen, damit Streitigkeiten geschlichtet werden und Sie sich entsprechend vorbereiten können. Nur durch innere Geduld können Sie die widrigen Umstände überwinden.
Sechs auf drittem Platz: Man läßt sich bedrängen durch Stein und ruht auf Dornen und Disteln.
Zuhause sieht man nicht einmal seine Frau.
Man will mit dem Kopf durch die Wand und fühlt sich infolgedessen von ihr bedrängt. Oder aber man erfindet Schwierigkeiten, wo gar keine sind. Sie müssen erkennen, daß der Weg zu Freude und Inspiration sanft und friedlich ist, sonst werden Sie noch mehr Enttäuschung und Beschämung erfahren.
Neun auf viertem Platz: Er fährt ganz langsam, bedrängt in einem goldenen Wagen. Beschämung, doch hat sie ein Ende.
Sie erzielen zwar Fortschritte, bekommen dadurch aber wahrscheinlich noch mehr Schwierigkeiten. Mächtige und reiche Menschen haben eine ganz bestimmte Art von Erfolg, nämlich einen materiellen Erfolg, und das belastet ihre freundschaftlichen Beziehungen zu ihnen. Sie müssen jedoch nicht Ihre humanitäre Gesinnung aufgeben, um solchen Menschen zu gefallen.
Neun auf fünftem Platz: Bedrängt von der Gestalt mit scharlachroten Kniebinden. Es werden ihm Nase und Füsse abgeschnitten. Langsam kommt die Freude. Opfer sind förderlich.
Sie werden von allen Seiten bedrängt (Sinn der abgeschnittenen Nase und Füße). Auch bei den Menschen, die Ihnen von Amts wegen helfen sollten, finden Sie keine Unterstützung, doch entwikkeln sich die Dinge allmählich zum Besseren, wenn Sie Haltung bewahren und Opfer bringen.
Oben eine Sechs: Bedrängt durch Kletterpflanzen, sagt er sich: «Wenn ich mich bewege, werde ich es bereuen».
Wenn er bereut und fortschreitet, hat er Erfolg.
Wer sich zu lange in Bedrängnis befunden hat, wird übervorsichtig. Die Probleme sind eher eingebildet als real oder haben zumindest abgenommen. Wer jetzt entschlossen handelt, wird sehen, daß er die Situation meistern kann.

48
DSING Der Brunnen

Der Brunnen ist hier dargestellt durch das Holz (Sun, unten), das in die Erde steigt, um das Wasser (Kan, unten) heraufzuholen. Das Holz bezieht sich auf die Holzstange des altchinesischen Wippbrunnens, durch dessen Bewegung das Wasser aus dem Brunnen geholt wurde. Der Brunnen, aus dem man Wasser schöpft, enthält den Gedanken der unerschöpflichen Nahrungsspende. Dieser Gedanke wird durch das Bild der Pflanze (Sun), die Feuchtigkeit nach oben zieht, verstärkt. Das Zeichen Dsing beschreibt die fundamentalen Aspekte einer jeden Gesellschaft, nämlich Tiefe und Beständigkeit. Die Tiefe bedeutet, daß man Stabilität schafft, indem man die tiefsten Bedürfnisse des Menschen berücksichtigt, während es bei der Beständigkeit um Zuverlässigkeit geht: Ein guter Brunnen muß beständig und zuverlässig sein, ebenso muß man sich auf die soziale Struktur verlassen können, damit Gerechtigkeit herrscht.

Das Urteil

Der Brunnen. Man kann die Stadt verlegen, aber nicht den Brunnen. Er nimmt nicht ab, er nimmt nicht zu.
Die Menschen kommen, um aus seiner Tiefe zu schöpfen.
Wenn man mit dem Seil das Wasser nicht erreicht oder der Krug zerbricht, bringt das Unheil.

Beim Wechsel einer Dynastie wurden im alten China die Hauptstädte zuweilen verlegt, doch blieben die Brunnen immer am gleichen Ort. Damit vergleichbar sind die Bedürfnisse des Menschen, die trotz wechselnder Umstände immer gleich bleiben. Die menschliche Natur nimmt weder zu noch ab. Der Brunnen kann auch eine Grundlage oder eine Einkommensquelle symbolisieren. Hüten Sie sich vor zu wenig Tiefe (oberflächliches Verständnis oder zu wenig gründliche Planung) und vor Achtlosigkeit, Übertreibung oder Vernachlässigung.

Das Bild

Über dem Holz ist Wasser: Das Bild des Brunnens.
Der Edle regt das Volk zu guter Arbeit an und ermuntert die Menschen in der Gemeinschaft, einander zu helfen.

Der weise Mensch schöpft Wasser (nutzt seine Fähigkeiten) zum Wohle der Allgemeinheit. Dazu muß er flexibel sein und die menschliche Natur selbstlos zu schätzen wissen. Das Bild der guten Arbeit erinnert uns daran, daß ein verschlammter Brunnen ausgebessert werden muß, damit er wieder nutzbar ist. Eingeschlafene Beziehungen und Geschäfte müssen wieder gepflegt werden.

Die Linien

Anfangs eine Sechs: Man trinkt nicht aus einem schlammigen Brunnen. Bei einem alten Brunnen versammeln sich keine Tiere.

Eine abgestandene Situation kann durch einen Wechsel verbessert werden. Das Bild besagt, daß man sich selbst wegwirft und seine Talente nicht nutzt.

Neun auf zweitem Platz: Im verdorbenen Brunnen kann man Fische fangen. Der Krug ist zerbrochen und leck.

Spannungen und Unannehmlichkeiten stehen bevor. Hier ist ein Brunnen beschrieben, dessen Wasser an sich klar ist, doch wird er nicht gebraucht, so daß sich Fische darin aufhalten. Diese kann man jedoch nicht fangen. Gemeint ist damit ein Mensch, um den sich niemand kümmert, und der deshalb zynisch werden und innerlich verkommen könnte. Sie können jetzt nichts Großes vollbringen, doch sind die Umstände auch nicht besonders schlecht.

Neun auf drittem Platz: Der Brunnen wird gereinigt, aber nicht genutzt. Das ist ein Jammer, denn man könnte daraus schöpfen. Wäre das dem König klar, könnten alle gemeinsam das Glück genießen.

Wie der Brunnen, der nicht benutzt wird, so geht es auch Ihren Fähigkeiten, was Ihnen weh tut und bedeutet, daß Sie der Allgemeinheit verlorengehen. Eine einflußreiche Person sollte davon Kenntnis bekommen, dann könnten alle von Ihren Fähigkeiten profitieren. Da die Lage kaum besser wird, sollten Sie abwarten.

Sechs auf viertem Platz: Der Brunnen wird neu gebaut. Kein Fehler.

Jetzt ist es sinnvoll, sich konkret mit der eigenen inneren Entwicklung zu beschäftigen, auch wenn das bedeutet, daß man nichts für andere leisten kann. Wenn man seine Fähigkeiten und inneren Werte steigert, leistet man dafür nachher umso mehr. Das gleiche gilt für den Brunnen, der vorübergehend nicht benutzt werden kann, weil er neu gebaut wird, dann aber klares Wasser hat.

Neun auf fünftem Platz: Der Brunnen wird von einer kalten Quelle mit Wasser gespeist. Man kann davon trinken.

Hier wird ein Mensch beschrieben, der wie der Brunnen eine begehrenswerte Eigenschaft besitzt, sei diese nun geistiger, intellektueller oder materieller Art. Das Wasser wird aber nicht geschöpft, folglich wird das Potential nicht realisiert.

Oben eine Sechs: Man kann ungehindert aus dem Brunnen schöpfen. Er ist zuverlässig. Großes Heil.

Man besitzt alle Möglichkeiten und Fähigkeiten, die für den Erfolg nötig sind. Ein Mensch, dessen Offenheit und Güte allen Menschen in seiner Umgebung und dadurch letztlich auch ihm selbst zugute kommt.

49
GO Die Umwälzung

Hauptthema dieses Hexagramms sind Veränderungen, die auf Konflikte, und Konflikte, die auf Veränderungen zurückzuführen sind.

Das Bild des Sees (Dui) über dem Feuer (Li) zeigt zwei Kräfte, die sich ständig bekämpfen. Die Linien geben Aufschluß darüber, wie ein solcher Kampf geschlichtet werden kann. Dui und Li sind auch die beiden jungen Töchter, wobei die jüngere oben steht, sich also ihrer Position mit Gewalt bemächtigt hat. Das ergibt die Vorstellung der Umwälzung oder Revolution, an die es sich hier anzupassen gilt.

Das Urteil

Die Umwälzung. Wenn die Stunde geschlagen hat, glaubt man ihm.
Großer Erfolg. Auf dem Wege fortschreiten ist förderlich.
Die Reue schwindet.

Wie wenig zufriedenstellend die gegenwärtige Lage auch sein mag, Sie müssen dennoch den richtigen Zeitpunkt abwarten, um Veränderungen vorzunehmen. Wenn die Veränderung dem allgemeinen Wohl und nicht dem eigenen Interesse dient, haben Sie damit Erfolg.

Das Bild

Inmitten des Sees ist Feuer:
Das Bild der Umwälzung.
So ordnet der Edle die Jahreszeiten mit einem Kalender.

So wie Feuer und Wasser sich gegenseitig zerstören, so zerstört auch die heraufkommende Jahreszeit die vorangegangene. Wer Veränderungen zu verstehen vermag, bemerkt die Zeichen und kann anhand der Symptome schon im voraus die Erfordernisse der Zeiten erkennen und sich auf sie einstellen. Das ist es, was ein erfolgreicher Bauer tut, und auf diese Weise wurden auch große Schlachten gewonnen.

Die Linien

Anfangs eine Neun: Man wird in das gelbe Fell einer Kuh gewickelt.

Gelb ist die Farbe der Mitte (die *goldene* Mitte), und die Kuh das Symbol der Fügsamkeit. Arbeiten Sie hart, aber mit äußerster Zurückhaltung. Jeder Versuch, aus den gegenwärtigen Tendenzen Kapital zu schlagen, hätte üble Folgen.

Sechs auf zweitem Platz: Wem die Stunde schlägt, der mag eine Umwälzung bewirken. Handeln bringt Heil. Kein Tadel.

Veränderungen müssen gut vorbereitet werden, und dazu bedarf es zunächst der inneren Umstellung auf das Neue. Man muß sich die Folgen der Änderung gut überlegen und sich eventuell auch den Einfluß einer maßgebenden Person zunutze machen.

Neun auf drittem Platz: Fortschreiten bringt Unheil.
Wenn das Volk den Revolutionsplan dreimal besprochen hat, vertraut es ihm.

Wenn ein Wechsel nötig ist, ist jedes Extrem verheerend, sowohl übertriebener Konservatismus wie auch überstürztes Handeln. Prüfen Sie jeden Umstand ganz genau und lassen Sie sich nicht täuschen, denn Sie können jetzt leicht auf leere Formeln und unbegründete Klagen hereinfallen. Besprechen Sie sich mit den Menschen, denen Sie vertrauen.

Neun auf viertem Platz: Reue schwindet.
Das Volk glaubt ihm.
Die Strukturen der Staatsordnung zu wechseln, bringt Heil.

Für grundlegende Änderungen bedarf es uneigennütziger Motive und einer weiten, reifen Sicht der Dinge. Man darf sich nicht von kleinlichen Beweggründen oder oberflächlichen Erwägungen leiten lassen. Das Bild der Staatsordnung besagt, daß Wertvorstellungen geändert werden müssen und Gerechtigkeit über Heuchelei siegen muß. Wer bescheiden bleibt oder lebt, hat Glück und Erfolg.

Neun auf fünftem Platz: Der Edle wandelt sich kühn, wie ein Tiger.
Man vertraut ihm, noch ehe das Orakel befragt wurde.

Das Schicksal begünstigt den Mutigen. Man muß den Wandel nun für alle sichtbar vollziehen, so wie die schwarzen Streifen auf dem gelben Tigerfell weithin sichtbar sind, wenn sie nicht vom hohen Gras verdeckt werden.

Oben eine Sechs: Der Edle wandelt sich wie ein Panther.
Der Gemeine ändert sich im Gesicht.
Fortschreiten bringt Unheil.
Beharrlichkeit auf dem Weg bringt Heil.

Die großen Schwierigkeiten und Änderungen sind nun vorbei, und es sind lediglich noch kleine Änderungen zu vollziehen. Diese Einzelheiten sind mit den kleineren Flecken des Pantherfells zu vergleichen. Kleine, unbedeutende oder schwache Menschen müssen nur den richtigen Gesichtsausdruck annehmen, doch bleibt ihr Leben von den Veränderungen unberührt. Diese Tatsache muß der Führer akzeptieren. (Für den stillen Menschen ist das übrigens eine Überlebenschance.) Versuchen Sie, Befriedigung in dem zu finden, was jetzt möglich ist, und halten Sie sich an die Spielregeln.

50

DING Der Tiegel

Das Zeichen symbolisiert Ernährung und Wandel, wobei die materiellen Aspekte den abstrakten Überlegungen untergeordnet sind. Sun, das Holz und der Wind, ist unten; Li, die Flamme, oben. Dargestellt ist also die durch Holz und Wind entfachte Flamme, was den Gedanken des Kochens nahelegt. Außerdem entspricht die Form des Hexagramms der des Tiegels. Das Zeichen Ding ist ein gutes Omen für bestehende, feste Verhältnisse, da der alte chinesische Tiegel drei Beine hatte (drei galt als das Ideal der Reinheit und Stabilität). Auf menschliche Verhältnisse übertragen symbolisiert es die Exekutive, die Justiz und die Legislative. Daneben gibt es aber auch noch andere Parallelen: Vater, Mutter und Kind; oder Mann, Frau, Geliebte, usw.

Das Urteil

Der Tiegel. Großes Heil.
Erfolg.

Der Gedanke der Ernährung wird erweitert durch das Sinnbild des Hexagramms, das auf geistige oder ideelle Werte schließen läßt. Somit liegt der Schwerpunkt hier auf praktischen Werten, die höheren Prinzipien geopfert werden.

Das Bild

Holz über dem Feuer: Das Bild des Tiegels.
So festigt der Edle sein Schicksal durch
die richtige Stellung.

Das Holz (irdisch, weltlich) dient der Flamme (geistig) zur Nahrung. In der Gesellschaft symbolisiert das Feuer den moralischen und kulturellen Überbau, und beim Menschen das geistige Bewußtsein. Alles Irdische sollte in Einklang mit der kosmischen Ordnung geregelt werden. Ebenso läßt der Weise, der versteht, daß sein Leben von der Macht des Schicksals bestimmt wird, sich von seinem Verständnis des Schicksals leiten und nimmt demütig entgegen, was sich als Gottes Wille offenbart. Dadurch, daß er die Schicksalskräfte harmonisiert, genießt er Glück und geistiges Wachstum.

Die Linien

Anfangs eine Sechs: Der Tiegel wird umgekippt, damit man ihn reinigen kann.
Man nimmt die Nebenfrau, die einen Sohn gebiert, zur Frau.
Kein Fehler.

Die beiden Gleichnisse – das des umgekippten Tiegels und das der Geliebten – drücken den Gedanken aus, daß etwa scheinbar Niedriges zu Ehren kommen kann, weil es einen inneren Wert hat. Das Reinigen und die Fruchtbarkeit deuten darauf hin, daß jemand, der Fähigkeiten und Tugend besitzt, Erfolg haben kann, auch wenn er sich gegenwärtig in einer niedrigen Position befindet.

Neun auf zweitem Platz: Im Tiegel ist Nahrung.
Meine Genossen sind neidisch, können mir jedoch nicht schaden.
Heil.

Man ist zuversichtlich in bezug auf lohnenswerte Ziele und wird (innerlich oder äußerlich) Reichtum erlangen.

Neun auf drittem Platz: Der Henkel des Tiegels ist verformt.
Man ist in seiner Tätigkeit behindert.
Der Fasan wird nicht gegessen.
Der sanfte Regen erlöst von der Reue. Am Schluß kommt Heil.

Wenn die Griffe verformt sind, kann man den Tiegel nicht aufheben und benutzen, und dann kann man auch die Nahrung, die sich darin befindet, nicht essen. Somit werden Talente verschwendet. Wenn man jedoch dafür sorgt, daß man tatsächlich auch im Besitze innerer Talente und Werte ist und seine Tugend wahrt, dann können Hindernisse oder sogar Verluste überwunden werden, und alles wendet sich zum Guten.

Neun auf viertem Platz: Die Beine des Tiegels brechen ab, das Mahl des Fürsten wird über den Fürsten verschüttet.
Unheil. Tadel.

Es fehlt Ihnen entweder die innere Stärke, die Fähigkeit, die Energie oder die Unterstützung, um Ihr Ziel zu erreichen. Das führt zu Mißerfolg, und, da man selber Schuld ist, zu Tadel, Unglück und wenig Erfolg.

Sechs auf fünftem Platz: Der Tiegel hat gelbe Henkel, goldene Ringe. Beharrlichkeit ist förderlich.

Eine Zeit des Erfolges und des Fortschritts. Die Farben Gelb und Gold stehen für die Tugend der Bescheidenheit und bezeichnen einen Menschen, der eher schüchtern – ja möglicherweise zu schüchtern – ist, dem es jedoch aufgrund seiner Tugend und inneren Haltung gelingt, Menschen anzuziehen, denen er sich sonst nicht nähern würde. Darin liegt der Schlüssel zum Erfolg.

Oben eine Neun: Die Tiegel hat Jaderinge. Großes Glück:
Erfolg in allen Dingen.

Jade vereinigt Härte mit einem milden Glanz, und ebenso sollten Sie jetzt stark und milde sein, dann finden Sie Anerkennung und erreichen Ihr Ziel. Wenn Ihnen ein (vorübergehender oder dauernder) Rückzug angezeigt scheint, dann ist jetzt ein günstiger Zeitpunkt dafür.

51
DSCHEN Die Erschütterung (der Donner) ䷲

Das Zeichen besteht aus dem zweifachen Trigramm Dschen, und Dschen ist die erregende Kraft, der erschütternde Donnerschlag, der so heftig wirken kann, daß er Schrecken erregt und Verwirrung stiftet. Vermeiden Sie jedes Extrem und üben Sie geschickte Zurückhaltung in Ihren Aktionen und Reaktionen. Es könnte dies eine Zeit sein, in der man Ihnen noch einmal eine Chance gibt.

Das Urteil

Der Donnerschlag bringt Erfolg.
Erschütterung: Hu!
Fröhlichkeit: Ha, Ha!
Selbst wenn alle im Umkreis von hundert Meilen erschüttert sind,
läßt er den Opferlöffel und Kelch nicht fallen.

Wenn man einmal die tiefe Erschütterung, die Dschen bewirkt, verstanden und die Ehrfurcht vor der Schöpfung, die damit einhergeht, erlebt hat, ist man immun gegen den Schrecken durch äußere Einflüsse. In Zeiten unvorhergesehener, verhängnisvoller Ereignisse sorgt diese Gemütsruhe dafür, daß wir die wichtigsten und heikelsten Aufgaben durchführen und sogar eine Katastrophe erfolgreich und gefaßt durchstehen können.

Das Bild

Donner folgt auf Donner: Das Bild der Erschütterung.
So bringt der Edle mit ängstlicher Ehrfurcht
sein Haus in Ordnung und erforscht seine Fehler.

Entweder man läßt sich von einem Unglück überwältigen oder man nimmt dies als gute Gelegenheit, auf sein Herz zu hören, wie der Weise das tut, der sich dadurch veranlaßt fühlt, seine Stärken und Schwächen zu erforschen und seine Angelegenheiten in Ordnung zu bringen.

Die Linien

Anfangs eine Neun: Die Erschütterung: Hu!
Fröhlichkeit: Ha, Ha!
Heil.

Ein unerwartetes Ereignis versetzt einen in Schrecken, doch ist die Angst nur vorübergehend, es folgen Erleichterung und Erfolg.

Sechs auf zweitem Platz: Mit der Erschütterung kommt Gefahr.
Unzählige Male verliert man seine Schätze und muß auf die neun Hügel steigen, ohne sie zu suchen.
Nach sieben Tagen bekommt man sie wieder.

Wenn man aufgrund von Verlusten oder Problemen die Verbindung zu sich selbst verliert, verschlechtert das die Lage. Versuchen Sie nicht, den Kräften der Zeit zu widerstehen, sondern bemühen Sie sich zu verstehen, daß dieser Verlust unvermeidlich ist. Auch wenn Sie jetzt unter einem Gefühl des Verlustes leiden, werden Ihre Bedürfnisse doch befriedigt, wenn Sie innerlich standhaft bleiben.

Sechs auf drittem Platz: Die Erschütterung quält ihn.
Wenn er infolgedessen auf seinem Weg weitereilt, ist das kein Fehler.

Wenn man sich durch den Schock der Gefahr völlig lähmen läßt, ist das verheerend. Man muß aktiv auf die Ereignisse reagieren und sich in seinem Handeln von der inneren Wahrheit und vom gesunden Menschenverstand leiten lassen. Schwierigkeiten sollten als Ansporn dienen.

Neun auf viertem Platz: Die Erschütterung ist schwerfällig.

Weil Ihr Verstand getrübt und Ihre Reaktionen schwerfällig sind, können Sie nicht sinn- und wirkungsvoll auf die vorhandenen Schwierigkeiten reagieren, was zur Folge hat, daß diese sich noch lange auswirken. Das könnte für Sie eine schwierige Lektion sein.

Sechs auf fünftem Platz: Der Donner grollt hin und her: Gefahr.
Kein Verlust, doch müssen die Geschäfte erledigt werden.

Nun ist es wichtig, einen kühlen Kopf zu bewahren und seine Geschäfte gründlich zu erledigen, auch wenn mehrmalige Erschütterungen Sie kaum zur Ruhe kommen lassen.

Oben eine Sechs: Die Erschütterung bringt Verfall und läßt ängstlich aufschreien.
Fortschreiten bringt Unheil.
Wenn es den Nachbarn trifft, und nicht den eigenen Leib, so ist das kein Fehler. Es gibt Gerede.

Aufgrund der inneren Erschütterung sind Sie viel zu aufgeregt, um angemessen reagieren zu können. Deshalb sollten Sie sich zurückziehen und vorsichtig sein, auch wenn Sie damit nicht alles Unheil abwenden können.

52
GEN Das Stillehalten

Mit der Verdoppelung des Trigramms Gen (der Berg, das Stillehalten) wird auf das völlige Ende einer Bewegung hingewiesen. Die Yanglinien sind jeweils oben, was Ruhe und Stillstand bedeutet. Es geht hier um das Erreichen inneren Friedens und wie man ihn erlangen kann. So wird die Meditation empfohlen, damit die Gedanken zur Ruhe kommen und um sich weiterzuentwickeln.

Das Urteil

Das Stillehalten. Wer den Rücken stillehält, spürt seinen Körper nicht mehr.

Wenn er im Hof wandelt, sieht er die Menschen nicht. Kein Fehler.

Hier geht es um Menschen, denen die innere Ruhe fehlt und die deshalb in den Ängsten und Ansichten ihrer Mitmenschen gefangen sind. Der bewegungslose Rücken symbolisiert den tiefen inneren Frieden, weil sich im Rücken alle Nervenstränge befinden, die die Bewegung vermitteln. Wenn also der Rücken sich nicht bewegt, kommt auch der Geist langsam zur Ruhe. Dann kann man langsam den wahren Wert gesellschaftlicher Sitte und seines eigenen Wesens verstehen lernen. Das ist die Grundlage für echte Weisheit.

Das Bild

Viele Berge nebeneinander: Das Bild des Stillehaltens.

So schweift der Edle nicht mit seinen Gedanken über seine Lage hinaus.

Der schwierigste Aspekt der Meditation ist die Konzentration. Dabei handelt es sich nicht um eine geistige Zwangsjacke, sondern um eine andersgeartete Qualität, eine Nachgiebigkeit, die Gedanken zuläßt und ermöglicht, dennoch unbeteiligt zu bleiben. Das Stillehalten ist die wirksamste Art von Vorbereitung auf jede anspruchsvolle Tätigkeit. Planen Sie jetzt Ihre persönlichen Angelegenheiten und bereiten Sie sich auf spätere Handlungen vor.

Die Linien

Anfangs eine Sechs: Stillehalten der Zehen.

Kein Fehler, wenn man beharrlich weitermacht.

Das Bild erscheint widersprüchlich: Die Zehen (und somit das Ganze) bewegen sich nicht, doch wird empfohlen, beharrlich weiterzumachen. Die Antwort darauf ist, daß der ursprüngliche Impuls zur Tat richtig war, daß jedoch der geringste Zweifel Sie zum Innehalten oder zur Richtungsänderung veranlassen sollte. Wer aber bereits stillesteht, sollte es weiterhin tun.

Sechs auf zweitem Platz: Stillehalten der Waden, doch kann er den Führer nicht zurückhalten. Enttäuschung.

Sie können einem anderen Menschen nicht sagen, daß er sich töricht verhält. Wenn jemand einem anderen Menschen (z.B. einem Meister) auf dem falschen Weg folgt, und die Beine sperren sich dagegen, muß man diesen seinem Schicksal überlassen, sonst fällt man selbst.

Neun auf drittem Platz: Stillehalten der Hüften und steifer Rücken. Sein Herz schmerzt.

Eine künstlich erzwungene Ruhe bzw. eine arrogante Haltung sind immer gefährlich. Man muß sich bemühen, seine innere Ruhe wiederzugewinnen, statt sich einer hemmenden Disziplin zu unterwerfen. Das Bild ist das eines meditierenden Menschen, dessen erzwungene Starre ihn nur irritiert und einengt.

Sechs auf viertem Platz: Stillehalten des Rumpfes. Kein Fehler.

Versuchen Sie nicht, etwas zu erzwingen. Zuinnerst sind Sie immer noch rastlos, die perfekte Harmonie ist noch lange nicht in Sicht. Der bewegungslose Rumpf symbolisiert jedoch eine lobenswerte Tat, einen bedeutsamen Schritt auf dem Weg zum Ziel.

Sechs auf fünftem Platz: Stillehalten des Kiefers.
Seine Worte sind wohlgeordnet.
Reue schwindet.

Oberflächliches, dummes Geschwätz über Probleme verschlimmert oft nur.* Hinter der Fassade solch unbedachter und vorlauter Worte verbirgt sich meist eine tiefsitzende Angst. Halten Sie sich also im Reden zurück, dann gewinnen Ihre Worte an Gehalt und Sie erleben Fortschritt und Harmonie.

Oben eine Neun: Stillehalten mit ehrbarer Tugend. Heil.

Wenn Sie mit ruhiger Gelassenheit die Lage akzeptieren, können Sie zum Kern vorstoßen und kommen in Ihrer persönlichen Entwicklung weiter. Daraus resultieren Frieden, Harmonie und Glück.

* Konfuzius sagt dazu: «Wenn die Sprache nicht korrekt ist, dann ist, was gesagt wurde, nicht, was gemeint war. Dann wird, was getan werden sollte, nicht getan, und wenn die Dinge nicht getan werden, zerfallen Moral und Kunst. Dann irrt sich die Justiz. Wenn das geschieht, ist das Volk in heilloser Verwirrung verloren. So ist das, was gesagt wird, von allerhöchster Bedeutung, und man darf darin nicht sorglos sein.»

53
DSIËN Die Entwicklung

Dsiën beschreibt eine allmähliche, behutsame Entwicklung. Oben ist Sun, die älteste Tochter, und unten Gen, der jüngste Sohn. Beide wachsen und entwickeln sich Schritt für Schritt, wie ein Baum (Sun) auf einem Berg (Gen). Der Baum muß sich nämlich in dem mageren Boden auf dem Berg gut verwurzeln, damit er an dieser exponierten Lage einen guten Halt hat.

Das Urteil

Die Entwicklung. Das Mädchen wird verheiratet. Heil.
Beharrlichkeit ist förderlich.

Das Urteil weist auf die Bedeutung gesellschaftlicher Sitten und Traditionen hin und zeigt, daß die Integration des Einzelnen in die Gemeinschaft nur erfolgen kann, wenn man seine persönlichen Neigungen dem Wohl des Ganzen unterordnet. Die für eine Heirat notwendigen Formalitäten erforderten früher viel Zeit und konnten nicht durch äußere Einwirkung vorangetrieben werden. Die korrekte und allmähliche Entwicklung der Beziehung galt als Grundvoraussetzung für eine glückliche Verbindung.

Das Bild

Auf dem Berg ist ein Baum: Das Bild der Entwicklung.
So wahrt der Edle seine Tugend,
um die gesellschaftlichen Sitten zu bessern.

Der Baum auf dem Berg wächst nur langsam und nimmt allmählich Einfluß auf das Landschaftsbild der ganzen Gegend. Ebenso muß man seine Persönlichkeit mit Beharrlichkeit und Geduld entwickeln. Dabei muß man die Sitten und Gebräuche einhalten und seinen Einfluß nur langsam und vorsichtig geltend machen. Wer schrittweise vorgeht, hat Erfolg in seinen Unternehmungen.

Die Linien

Anfangs eine Sechs: Die Wildgänse nähern sich allmählich dem Ufer.
Der junge Sohn ist in Gefahr.
Es gibt Gerede, doch keinen Tadel.

Sämtliche Linien betonen die Bedeutung der Ehe mit dem Bild der Wildgans, die das Symbol der ehelichen Treue (im weitesten Sinne) ist, da man der Ansicht war, daß sie sich im Laufe ihres Lebens nur ein Männchen nimmt. Die Linie schildert einen jungen Menschen, der sich auf eine schwierige Reise begibt und Fehler macht, doch kommen diese letztlich seiner eigenen Entwicklung zugute.

Sechs auf zweitem Platz: Die Wildgänse nähern sich allmählich den Felsen.
Sie dürfen in Ruhe und Zufriedenheit essen und trinken.
Heil.

Der Fels ist ein sicherer Ort am Ufer, und so finden Sie Ruhe und Sicherheit. Der Weg, der vor Ihnen liegt, ist deutlich erkennbar. Teilen Sie Ihren Reichtum mit Ihren Mitmenschen oder benutzen Sie ihn für gemeinnützige Zwecke.

Neun auf drittem Platz: Die Wildgänse nähern sich allmählich der Hochebene.
Der Forscher zieht aus und kehrt nicht zurück.
Die Frau trägt ein Kind, aber bringt es nicht zur Welt.
Unheil. Gegen Räuber sollte man sich wehren.

Man ist zu weit gegangen, hat zu hoch gegriffen und befindet sich nun an einem feindseligen Ort. Arroganz, Gedankenlosigkeit oder selbstsüchtiges Einzelgängertum schaffen Probleme. Halten Sie durch, ohne gewaltsame oder aggressive Methoden anzuwenden. Eine Zeit der Disharmonie und des Verlustes.

Sechs auf viertem Platz: Die Wildgänse nähern sich allmählich den Bäumen,
und suchen einen flachen Ast. Kein Fehler.

Sie befindensich in einer heiklen Lage, und das scheinbar ohne Ihr Dazutun. Bäume sind kein geeigneter Ort für Wildgänse, doch finden Sie einen flachen Ast zum Ausruhen. Das bedeutet, daß die Lage gefährlich ist. Man kommt im Leben häufig in Situationen, die einem nicht entsprechen und die gefährlich sind. Da ist es wichtig, daß man nachgiebig ist und wartet, bis es Zeit ist weiterzugehen.

Neun auf fünftem Platz: Die Wildgänse nähern sich allmählich dem Gipfel.
Drei Jahre bekommt die Frau kein Kind, dann kann sie nichts mehr daran hindern.
Heil.

Wer rasch an die Spitze gelangt, läßt die anderen leicht hinter sich und wird dann verbittert. Das ist jedoch nur eine vorübergehende Phase, und sobald Sie sich innerlich und äußerlich der Situation angepaßt haben, finden Sie wieder Ihren inneren Frieden.

Oben eine Neun: Die Wildgänse nähern sich allmählich den Wolkenhöhen.
Ihre Federn, die herunterfallen, werden als Schmuck verwendet.
Heil.

Das Bild der Wildgänse, die sich mit ihrem Flug hoch in den Himmel erheben, symbolisiert ein vollendetes Werk, das allen Beteiligten Glück und Erfolg verheißt, sowie jemanden, der die Vergangenheit hinter sich läßt und sich einem neuen Leben zuwendet.

54
GUI ME Das heiratende Mädchen

Oben Dschen, der Donner (das Erregende, der älteste Sohn), unten Dui, der See (das Heitere, die jüngste Tochter). Der Mann geht voran, das Mädchen folgt ihm voller Freude. Es geht somit um die Heirat eines älteren Mannes mit einem jüngeren Mädchen. Zwar herrschte in China formell die Einehe, der Mann behielt sich jedoch das Recht vor, sich ein junges Mädchen zu nehmen, das sich der Hausfrau als jüngere Schwester bescheiden unterordnete und sich um seine zarteren Neigungen kümmerte. Der moralische Aspekt dieser Metapher bezieht sich auf die heiklen Bedingungen, die in einer Beziehung erfüllt sein müssen, während es beim Weissagungsaspekt um eine Situation geht, die nicht von Dauer ist, da der Stand der Nebenfrau gesetzlich nicht sanktioniert war.

Das Urteil

Das heiratende Mädchen. Unternehmungen bringen Unheil.
Nichts ist förderlich.

Das junge Mädchen (die Geliebte) mußte sehr viel Taktgefühl und Zurückhaltung beweisen, um nicht die meistens reifere Hausfrau, die die anspruchsvollen formellen ehelichen Pflichten erfüllte, von ihrer Stellung zu verdrängen. Auch heute hängt der Erfolg einer Beziehung von der Zurückhaltung und Kompromißbereitschaft der Partner ab, die damit wahrhaftig ihre Zuneigung zum Ausdruck bringen. In weltlicher Hinsicht bedeutet das Zeichen, daß sich Ihre Beziehungen auf gegenseitiges Nutzdenken stützen, auch wenn das nur unterschwellig oder scheinbar der Fall ist.

Das Bild

Donner über dem See: Das Bild des heiratenden Mädchens.
So versteht der Edle das Vergängliche,
und paßt sich den Forderungen des Ewigen an.

Der Donner wühlt den See auf, was schimmernde Wellen hervorruft. Es besteht also eine Anziehung, doch ist das alles nur schöner Schein und nicht von Dauer. Sobald man verstanden hat, daß die Stellung, die man hat, nur vordergründig stimmt, wird man versuchen, die Erwartungen der anderen zu erfüllen. Dieses Hexagramm prophezeit offensichtlich nichts Gutes für eine Ehe oder ein längerfristiges Projekt. Erwarten Sie nicht zuviel.

Die Linien

Anfangs eine Neun: Das heiratende Mädchen als Nebenfrau.
Der Lahme kann gehen. Fortschreiten bingt Heil.

Selbst mit beschränkten Mitteln können Sie jetzt viel erreichen. Sie nehmen eine niedere Stellung ein, und wenn Sie diese akzeptieren und untergeordnet bleiben, schaffen Sie sich genügend Spielraum, um Ihr Ziel zu erreichen.

Neun auf zweitem Platz: Der Einäugige kann sehen.
Beharrlichkeit ist förderlich für den einsamen Menschen.

Das Bild schildert ein von ihrem Mann enttäuschtes Mädchen (Mann und Frau sollen zusammenwirken wie beide Augen), sie bleibt einsam zurück. Auch wenn jetzt keine Fortschritte zu erzielen sind, dürften Sie doch eine sichere Position haben, wenn Sie – trotz Enttäuschung – beharrlich und treu bleiben.

Sechs auf drittem Platz: Das heiratende Mädchen ist Sklavin.
Es kann nur als solche akzeptiert werden.

Mit großer Selbstsicherheit kommen Sie nicht weiter, mit geringer Selbstsicherheit erreichen Sie Ihr Ziel, doch müssen Sie den richtigen Zeitpunkt abwarten. Sie empfinden die Pflichten, die mit dem Erreichen Ihres Zieles einhergehen, als lästig oder unbefriedigend. Sie haben sich selbst falsch eingeschätzt und müssen nun eine niedrige oder unsichere Stellung annehmen.

Neun auf viertem Platz: Das heiratende Mädchen scheint zu zögern. Früher oder später wird es heiraten.

Sie wissen nicht, ob Sie Ihrer Intuition folgen sollen oder ob Sie damit Ihre Zukunft aufs Spiel setzen. Da Sie einen neuen Weg einschlagen müssen, sollten Sie einen günstigeren Zeitpunkt abwarten. Wer seine Würde bewahrt und sich zurückhält, mag zwar das Gefühl haben, eine gute Chance verpaßt zu haben, doch kommt ganz sicher bald eine neue Gelegenheit.

Sechs auf fünftem Platz: Der Herrscher verheiratet seine Tochter.
Ihr Kleid war nicht so reich geschmückt wie das der Brautjungfer.
Der Mond ist fast voll. Heil.

Die Person, die hier geschildert wird, ist von höchster Tugend und fügt sich ohne Bitterkeit in eine niedrige Stellung, so wie das Mädchen von vornehmer Herkunft, das in bescheidene Verhältnisse heiratet, sich mit Anmut in sein Schicksal fügt. Trotz der Einschränkungen ist dies eine Zeit des Erfolgs und der Erfüllung für sie, oder zumindest eine Zeit, die später Früchte trägt und sie in ihrer Entwicklung fördert.

Oben eine Sechs: Der Korb des Mädchens ist leer.
Der Mann sticht das Schaf, aber es fließt kein Blut.
Nichts ist förderlich.

Die Symbolik eines leeren Rituals beschreibt eine respektlose, leichtfertige Gesinnung. Sie sind nicht in der Lage, die von Ihnen erwartete Rolle zu erfüllen. Ihr scheinbarer Erfolg wird in Wirklichkeit nicht belohnt.

55
FONG Die Größe (Fülle)

Mit Dschen, dem Donner (das Erregende) oben und Li, der Flamme (das Haftende) unten erhalten wir das Bild eines klaren, brillanten Geistes im Innern der Bewegung, also die Vorstellung eines überragenden Erfolges, der Größe und Fülle. Dieser außerordentliche Zustand der Fülle kann, da es sich um ein Höchstes handelt, nicht andauern (so erinnert die Flamme, die am Holz haftet, an einen Waldbrand). Genießen Sie also das, was Sie haben und hegen Sie keine allzu großen Erwartungen.

Das Urteil

Die Größe. Erfolg.
Der König erlangt Größe.
Sei nicht traurig; du mußt sein wie die Sonne am Mittag.

Die Mittagssonne steht nicht lange im Zenit, die Zeit der Größe und Fülle ist kurz, dann beginnt der Abstieg. Gleichzeitig spendet die Sonne Leben und Wärme, was auf Selbstlosigkeit und Wohlwollen gegenüber allen Lebewesen unter dem Himmel hindeutet. Wer diese Eigenschaften besitzt, wird, auch wenn das Glück vorbei ist, nicht in Arroganz und Wut verfallen.

Das Bild

Donner und Blitz zusammen: Das Bild der Größe.
So entscheidet der Edle über Streitigkeiten
und führt die Strafen aus.

Die von Dschen und Li ausgehende energische Klarheit zeigt einerseits, wie aufgrund der Anwendung von Energie und Erkenntnis Fülle geschaffen werden kann, andererseits, wie man seinen Wohlstand festigt und Übertreibungen verhindert, sobald man ersteres erreicht hat. Vermeiden Sie Selbstgefälligkeit und gehen Sie in Ihren Angelegenheiten maßvoll und wohlüberlegt vor.

Die Linien

Anfangs eine Neun: Er trifft seinen geistigen Führer.
Zehn Tage sind sie beisammen, ohne Fehler.
Fortschreiten bringt Anerkennung.

Zwei Parteien oder Menschen, die sich in ihrer Art ergänzen (dargestellt durch die Eigenschaften der beiden Trigramme), kommen zusammen, und zwar entweder auf natürliche Art und Weise oder aufgrund gegenseitiger Bemühungen, und arbeiten fruchtbar und wirkungsvoll *einen vollen Kreislauf* (an einem Projekt, bis zu seinem Abschluß) zusammen.

Sechs auf zweitem Platz: Die Wand ist von solcher Größe, daß man am Mittag Sterne sieht.
Energisch Fortschreiten bringt Mißtrauen und Haß.
Wahrhaftig Fortschreiten bringt Heil.

Die Sonne ist so gut abgedeckt, daß alles Licht verschwindet wie bei einer Sonnenfinsternis. Diese Wand vor der Sonne symbolisiert eine Intrige, die einen am Erfolg hindert. Wer jetzt energisch gegen diese Situation ankämpft, erleidet nur Unglück. Es gilt also, im Bewußtsein der Wahrheit bescheiden und korrekt zu bleiben und eine gute Beziehung zu den anderen Beteiligten herzustellen. Nach anfänglichen Schwierigkeiten oder Verlusten haben Sie Erfolg.

Neun auf drittem Platz: Der Bambus ist von solcher Fülle, daß man am Mittag Sterne sieht.
Er bricht sich den rechten Arm. Kein Tadel.

Aufgrund eines rasch fortschreitenden Prozesses (der Bambus wächst so schnell, daß er die Sonne verdeckt) wird Ihnen die Sache aus der Hand gerissen, so daß Ihr Erfolg verdunkelt wird. Eine schwierige Zeit.

Neun auf viertem Platz: Der Vorhang ist von solcher Fülle, daß man am Mittag Sterne sieht.
Er trifft seinen geistigen Führer. Heil.

Hier ist die Finsternis schon am Abnehmen, und Sie sind in der Lage, mit einem oder mehreren Menschen Verbindung aufzunehmen, deren Eigenschaften Ihre eigenen ergänzen (siehe erste Linie). Die Verhältnisse sind eher unklar und disharmonisch, doch könnte sich Ihnen allenfalls eine günstige Gelegenheit bieten.

Sechs auf fünftem Platz: Er zieht hervorragende Menschen an, die Wohlstand und Ruhm bringen. Heil.

Ihre eigenen Qualitäten ziehen andere fähige Menschen an. Vielleicht offenbaren sich jetzt zum ersten Mal die Fähigkeiten dieser Menschen. Sie bekommen Hilfe und Anerkennung.

Oben eine Sechs: Seine Familie ist im großen Haus eingeschlossen.
Er späht durch das Tor und sieht niemanden. Unheil.

Wer nach Ruhm und Glanz strebt, jedoch dabei arrogant wird, erleidet nur Kummer oder gibt sich egoistischen Illusionen hin. Nur wer bescheiden bleibt, entgeht Konflikten und Problemen.

56
LÜ Der Wanderer

Das Feuer (Li, oben) befindet sich auf dem Berg (Gen, unten) und braucht eine Fülle von Laub zum Brennen, da es sonst schnell erlischt. Die beiden Prinzipien – das des Stillehaltens und das der Bewegung – sind einander fremd, also bleiben sie nicht beisammen. Das ruhelose, suchende Wesen des Feuers spricht ebenfalls für die Bedeutung des Wanderns. Lü beschreibt also einen Menschen, der unterwegs, auf Reisen ist. Die Reise kann eine innere oder äußere sein, doch immer wird man durch echte innere Beweggründe zum Reisen getrieben.

Das Urteil

Der Wanderer. Erfolg im Kleinen.
Beharrlichkeit bringt Heil.

Der Reisende wird niemals dauernden Einfluß nehmen können. Er muß deshalb flexibel, anspruchslos und ehrlich bleiben, damit er aus den Dingen mehr herausholt als er hineinsteckt. Der Wanderer muß auch zurückhaltend sein, denn er eignet sich als Zielscheibe für besitzergreifende Menschen. Umgekehrt sind auch die anderen Menschen im Umgang mit ihm verletzlich, da er ihnen Sicherheit vorgaukelt, wo keine ist.

Das Bild

Das Feuer auf dem Berg: Das Bild des Wanderers.
So ist der Edle klar und vorsichtig bei der Anwendung von Strafen.
Er hat keine Zeit für Streit.

Das Feuer auf dem Berg ist von kurzer Dauer und symbolisiert einen Menschen, der sich auf nichts einläßt, was sein Leben komplizierter machen oder ihn an seiner Reise hindern könnte. Gesamthaft gesehen ist das Zeichen ungünstig für längerfristige oder verbindliche Vereinbarungen oder Projekte.

Die Linien

Anfangs eine Sechs:
Wenn der Wanderer sich mit kleinlichen Dingen abgibt,
zieht er sich Unglück zu.

Wer sich in einer exponierten Stellung befindet, sollte keine unbedeutende oder erniedrigende Rolle annehmen. Sollte man Sie dennoch dazu zwingen, bemühen Sie sich um Vorsicht und Verständnis für die Haltung der anderen. Möglicherweise liegen Sie im Konflikt mit Ihrer Umwelt.

Sechs auf zweitem Platz: Der Wanderer gelangt zur Herberge.
Er ist ein Mann mit Vermögen.
Er gewinnt das Vertrauen eines jungen Dieners.

Das Vermögen des Reisenden symbolisiert die Fähigkeit, mit seinem innersten Wesen in Verbindung zu sein, was bewirkt, daß man sich auch in Einklang mit seiner Umwelt befindet und auf andere Menschen anziehend wirkt. Eine Zeit des Fortschritts und des Erfolges, möglicherweise aufgrund von Reisen.

Neun auf drittem Platz: Der Wanderer brennt die Herberge nieder.
Seine Diener verlassen ihn.
Beharrlichkeit bringt Gefahr.

Sie haben gegenwärtig Probleme mit Ihrer unmittelbaren Umgebung und kümmern sich um Dinge, die außerhalb Ihres Kompetenzbereiches liegen, ja vielleicht haben Sie sich in etwas eingemischt, das Sie gar nichts angeht. Auf jeden Fall haben Sie es unterlassen, auf Ihre innere Stimme zu hören. Andere Menschen sind dem Wanderer gegenüber zurückhaltend und hegen für ihn keine Anteilnahme.

Neun auf viertem Platz: Der Wanderer ruht unter einem Dach.
Er hat alles, was er braucht, aber sein Herz ist nicht froh.

Das Bild schildert einen Menschen, der zu Ruhe gekommen ist und ein sicheres Plätzchen gefunden hat. Er versteht es, sich zu bescheiden und sein Verhalten und seine Bedürfnisse der Situation entsprechend einzuschränken. Die Situation enthält gewisse Unsicherheitsfaktoren, und Sie müssen mit Verlusten rechnen. Wenn Sie von Natur aus gern reisen, werden Sie sich in der jetzigen Lage eingeengt und unwohl fühlen.

Sechs auf fünftem Platz: Der Wanderer erlegt einen Fasan mit einem einzigen Pfeil.
Er gelangt dadurch zu Ehre und Amt.

Der Wanderer ist geschickt und wahrt die Formalitäten, wodurch er die Billigung der anderen findet. Akzeptieren Sie die gegenwärtige Lage, auch wenn sie Ihnen noch so befremdend vorkommt, dann können Sie erfolgreich weiterkommen.

Oben eine Neun: Das Nest des Vogels brennt.
Erst lacht der Wanderer, dann klagt und trauert er.
Er verliert durch Leichtsinn seine Kuh. Unheil.

Man ist rücksichtslos, unvorsichtig und verliert oder zerstört etwas Wertvolles oder für die eigene Situation Unerläßliches, was Hand in Hand geht mit Arroganz und egoistischem Zynismus. Wer unvermindert egoistisch weitermacht, verliert jede Flexibilität und Bescheidenheit, und damit läßt sich eine negative Entwicklung nicht mehr verhindern.

57
SUN Das Haftende (der eindringende Wind)

Hier haben wir unten und oben das Trigramm Sun: Der Wind, das Sanfte oder Eindringende. Mit diesen Eigenschaften verbindet man die Vorstellung von Harmonie. Außerdem symbolisiert Sun auch das Holz oder die Pflanze, und Pflanzen biegen sich im Wind, was die Vorstellung einer flexiblen, harmonischen Tätigkeit vermittelt, oder im übertragenen Sinne eine ruhige oder gelassene Haltung. Eine Zeit mit dieser Qualität hilft, den Umständen, Dingen und Menschen gegenüber eine nachgiebige und akzeptierende Haltung zu entwickeln. Es fällt einem leichter, seinen Willen aufzugeben, was besonders solche Unternehmungen begünstigt, die mit Bewegung verbunden sind.

Das Urteil

Das Sanfte. Im Kleinen Erfolg.
Fortschreiten ist förderlich.
Es ist förderlich, den großen Mann aufzusuchen.

Das Sanfte erzeugt nachhaltige Wirkungen durch unscheinbare aber beharrliche Bemühungen und schrittweises Vorgehen. Das erfordert häufig die Hilfe einer stärkeren oder einflußreicheren Person. Jetzt wirkt man eher indirekt aufgrund seiner Charakterstärke als direkt durch seine Taten. Dabei ist die Versuchung groß, sich zu stark zu engagieren.

Das Bild

Einander folgende Winde: Das Bild des Sanften.
So verbreitet der Edle seine Gebote,
und sichert sich seine Geschäfte.

Man verfolgt ein klares Ziel, sollte jedoch bei der praktischen Durchführung desselben sorgfältig vorgehen: Der weise Mensch bereitet den Weg für das, was kommt, und vergrößert seinen Einfluß, indem er durch Aufklärung und klare Gebote dauernd einwirkt.

Die Linien

Anfangs eine Sechs: Beim Hin- und Herwehen ist die Beharrlichkeit eines Kriegers förderlich.

Es herrschen unsichere Zeiten: Sie können gewinnen und verlieren. Wenn Sie einen Weg sehen, Ihr Ziel zu erreichen, sollten Sie ihn weiter beschreiten. Hegen Sie jedoch Zweifel, so halten Sie sich lieber zurück oder wählen Sie den Rückzug. Standhaftigkeit ist angezeigt.

Neun auf zweitem Platz: Der Wind dringt unter das Bett.
Er ruft Hexen und Magier herbei.
Heil. Keine Schuld.

Heimtückische, dunkle Kräfte, die Ihre Pläne zu vereiteln scheinen, müssen bis zur Quelle zurückverfolgt und ans Tageslicht gebracht werden. Mit Offenheit und Ehrlichkeit haben Sie Erfolg. Gute Kommunikationsmöglichkeiten und gute Aussichten für akademische Studien.

Neun auf drittem Platz: Wiederholte Windstöße. Beschämung.
Menschen, die zu sehr über ein Problem nachgrübeln, sind nicht mehr in der Lage, eine Entscheidung zu treffen. Dies führt zu Beschämung und erniedrigt Sie in den Augen der anderen. Unerwarteter Fortschritt oder plötzliche Schwierigkeiten.

Sechs auf viertem Platz: Reue schwindet.
Der Jäger fängt Wild für drei verschiedene Zwecke.

Die drei Zwecke waren: Opfer, Ehrerbietung den Gästen gegenüber und alltägliche Mahlzeiten. Es wird also ein Mensch gezeichnet, der sich in verantwortungsvoller Stellung befindet, sämtliche ihm zur Verfügung stehenden Mittel nutzt und alle Faktoren (praktische, emotionale und moralische) in ausgewogener Weise berücksichtigt. So findet er in allem etwas Gutes. Eine Zeit des Erfolges und des Glücks.

Neun auf fünftem Platz: Beharrlichkeit bringt Heil. Reue schwindet.
Alles ist förderlich.
Nicht zu Beginn, aber zum Schluß.
Vor der Änderung drei Tage, nach der Änderung drei Tage. Heil.

Hier ist eine unvollkommene, besserungsbedürftige Situation geschildert, die nicht unbedingt für alle erkennbar ist. Schütten Sie nicht das Kind mit dem Bade aus, sondern arbeiten Sie langsam und sorgfältig auf eine Reform hin. Und auch wenn Sie die Reform durchgeführt haben, sollten Sie die Veränderungen noch eine Zeitlang weiterverfolgen, bis klar ist, daß sie die richtige Wirkung zeitigt. Wenn Sie das tun, haben Sie unweigerlich Erfolg.

Oben eine Neun: Der Wind dringt unter das Bett.
Er verliert seinen Besitz und seine Waffen.
Beharrlichkeit bringt Unheil.

Die ruhige, eindringende Macht des Sanften hat ihre Grenzen erreicht. Erfolg ist zwar möglich, wahrscheinlicher sind jedoch Verluste und Schwierigkeiten. Sie haben die Fähigkeit verloren, mit dem Bösen umzugehen und sind deshalb hilflos, wenn Sie tief in die Situation eindringen und schlechte Bedingungen vorfinden. Der einzige Ausweg, der Ihnen übrigbleibt, ist der Rückzug.

58
DUI Die Heiterkeit

Das Hexagramm besteht aus der Verdoppelung des Trigramms Dui, der See, die jüngste Tochter, das Heitere. Die Freude der jüngsten Tochter offenbart sich im traditionellen fröhlichen Gesang, der ihre Arbeit begleitet. Dui bedeutet auch Erfolg und Gedeihen, ist also günstig für geschäftliche Projekte und neue Unternehmungen. Bestehende Beziehungen und Unternehmungen können jedoch unter Streitigkeiten und Unannehmlichkeiten leiden.

Das Urteil

Die Heiterkeit. Erfolg.
Beharrlichkeit ist förderlich.

Echte Freude wirkt ansteckend, und wenn sie noch als Grundlage die Beständigkeit hat, bringt sie auch das härteste Herz zum Schmelzen. Wenn Freude nach außen zutage tritt und innen, im Herzen, Beharrlichkeit und Stärke wohnen, kann man mit diesem idealen Gleichgewicht seine Ziele erreichen.

Das Bild

Zwei miteinander verbundene Seen: Das Bild der Heiterkeit.
So studiert und übt der Edle mit seinen Freunden.

Zwei Seen, die miteinander verbunden sind, verdunsten nicht so leicht, da sie sich gegenseitig bereichern. So ist es auch auf wissenschaftlichem Gebiet. Wenn Menschen ihr Wissen miteinander austauschen, wird es vielseitig und heiter, und wenn sie Weisheit und Freude miteinander teilen, verstärkt das beide. Das Bild vermittelt auch die Notwendigkeit, seine Freude an objektiven Normen zu messen. Innerhalb einer Beziehung kann Freude ein egoistisches Gefühl sein, das mit dem Zustand des Partners überhaupt nichts zu tun hat. Doch geteilte Freude ist doppelte Freude.

Die Linien

Anfangs eine Neun: Innere Heiterkeit. Heil.

Mit einer stillen, unabhängigen Zufriedenheit befreit sich der Mensch von Wünschen und Trieben. Eine Zeit der Harmonie, doch besteht die Gefahr der Selbstgefälligkeit, ja sogar der Selbstsucht, und somit eines Konfliktes.

Neun auf zweitem Platz: Wahrhaftige Heiterkeit bringt Heil.
Reue schwindet.

Lassen Sie sich nicht auf niedere Freunde ein, die für Sie oder andere, jetzt oder zu einem späteren Zeitpunkt, peinlich und beschämend sein könnten. Fortschritt und Harmonie.

Sechs auf drittem Platz:
Der Heiterkeit frönen bringt Unheil.

Wenn man innerlich leer ist und die Freude außerhalb sucht, läßt man sich von wertlosen, unbefriedigenden Freuden verleiten. Dadurch verliert man sich selber immer mehr, läßt sich leicht täuschen und macht gefährliche Fehler.

Neun auf viertem Platz: Überlegte Heiterkeit hat keine Ruhe.
Die Fehler ablegen bringt Heil.

Genießen Sie die Freuden des Lebens in vollen Zügen, ohne jedoch zwanghaft oder begierig nach ihnen zu trachten. Mit Vorsicht können Sie materiellen Gewinn erzielen.

Neun auf fünftem Platz: Vertrauen in das Zersetzende ist gefährlich.

Auch wenn Sie ganz ehrlich sind, kann es geschehen, daß Sie sich auf Menschen oder eine Situation einlassen, die Ihnen schaden. Ist Ihnen diese Tatsache bewußt, so können Sie die Gefahr umgehen.

Oben eine Sechs: Verführende Heiterkeit.

Wer die Verbindung zu seinem Innersten und die Orientierung verliert, hat sein Leben nicht mehr in der Hand und hängt vom Zufall und von äußeren Einflüssen ab. So ist kein großer Erfolg möglich.

59
HUAN Die Auflösung

Der Wind (Sun, oben), der über das Wasser (Kan, unten) fährt, zerstreut es und löst es auf in Schaum und Wind. Die Vorstellung, die man am ehesten mit diesem Bild verbindet, ist die, daß Energien zerstreut werden, doch weist das Zeichen Huan gleichzeitig auch darauf hin, wie man gestaute oder blockierte Energien durch Sanftheit wieder freisetzen kann.

Das Urteil

Die Auflösung. Erfolg.
Der König nähert sich dem Tempel.
Das große Wasser zu durchqueren ist förderlich.

Zwietracht läßt sich auflösen durch eine gemeinsame Tätigkeit, die auf ein höheres Ziel hin ausgerichtet ist, wie etwa ein religiöses Ritual. Der König symbolisiert in diesem Zusammenhang eine Person mit großer Tugend und Autorität, auf die man angewiesen ist, um die durch Egoismus entzweiten Menschen wieder zu vereinen. Das obere Trigramm bedeutet auch Holz, was das Bild von Booten auf dem Wasser heraufbeschwört. Dies, zusammen mit dem Ratschlag, «das große Wasser zu durchqueren» legt nahe, daß Sie von Reisen profitieren könnten.

Das Bild

Der Wind bläst über das Wasser: Das Bild der Auflösung.
So opferten die alten Könige mit Frömmigkeit dem Göttlichen und errichteten Tempel für ihre Nachfolger.

Während im Urteil Menschen beschrieben sind, deren erstarrtes Herz aufgrund eines wohltätigen Werkes von frommer Rührung ergriffen wird, geht es hier um einen Menschen, der selber wohltätig wirkt und seine Mitmenschen durch Nächstenliebe in gemeinsamer Andacht vereint. Mit dem Bild des Tempelbaus wird der Gedanke der Kontinuität vermittelt.

Die Linien

Anfangs eine Sechs: Hilfe mit der Macht eines guten Pferdes. Heil.

Um Auseinandersetzungen und Mißverständnisse zu vermeiden, müssen Sie entschieden und uneigennützig handeln. Eine Zeit des Fortschritts.

Neun auf zweitem Platz: Bei der Auflösung läuft er zu seinem Zufluchtsort.
Die Reue schwindet.

Man hat erkannt, daß Zwietracht und Unstimmigkeiten zunehmen und unternimmt jetzt Schritte, um stabile Verhältnisse herzustellen. Man schafft sich innen und außen einen Zufluchtsort.

Sechs auf drittem Platz: Er löst sein Ich auf. Keine Reue.

Es kann durchaus nützlich sein, die eigene Person völlig auf die Seite zu setzen, besonders dann, wenn die Arbeit oder die Umstände so schwierig werden, daß man nicht mehr an sich selber denkt, doch sollte man darauf achten, sich selbst dabei nicht zu vernachlässigen.

Sechs auf viertem Platz: Er löst die Gruppen auf. Großes Heil.
Auf die Auflösung folgt Anhäufung, doch ist das den Gemeinen nicht bewußt.

Dadurch, daß man persönliche Bindungen oder Privatfreundschaften zugunsten des großen Ganzen beiseite läßt, ist man in der Lage, objektiv und entschieden zu handeln. Dazu bedarf es allerdings eines weiten Überblickes über die Zusammenhänge des Lebens.

Neun auf fünftem Platz: Seine Äußerungen sind auflösend wie Schweiß.
Auflösung vom Palast des Königs.
Kein Fehler.

In Zeiten des Chaos und allgemeiner Auflösung ist der Höhepunkt der Zeitpunkt, da man alles durch einen großen, visionären Gedanken wieder zusammenbringen und erlösen kann (so wie eine Krankheit durch lösenden Schweiß ihre Krise findet). Sehr viel Energie und Großzügigkeit sind allerdings erforderlich, um aus diesem Sammelpunkt Nutzen zu ziehen.

Oben eine Neun: Er löst sein Blut auf.
Sich fernhalten und weggehen ist ohne Tadel.

Versuchen Sie, eine gefährliche oder verletzende Situation, die vor Ihnen liegt, zu vermeiden. Sie werden von unangenehmen oder gefährlichen Verhältnissen erlöst und erleben eine Wende zum Guten.

60
DSIË Die Beschränkung

Da sich das Wasser (Kan, das Abgründige) über dem See (Dui, das Heitere) befindet, besteht die Gefahr, daß der See überfließt, wenn er nicht eingedämmt wird. Das Streben nach Idealen und die Hoffnung auf das Erreichen der Vollkommenheit sind an sich nicht unrealistisch, doch verwandeln sie sich schnell in hoffnungslose Träume, wenn sie nicht mit dem Bewußtsein der Beschränkung und der Einschränkung in persönlichen Belangen einhergehen.

Das Urteil

Beschränkung. Erfolg.
Bittere Beschränkung darf man nicht beharrlich üben.

Einschränkung und Sparsamkeit sind hervorragende Eigenschaften, dank derer man dem Los der Verarmung vorbeugen und seine Güter erhalten kann. Wenn sich die Beschränkung jedoch gegen andere Menschen oder gegen die Grundlage Ihres Daseins richtet, wird sie hemmend und destruktiv. Behalten Sie also das richtige Maß im Auge.

Das Bild

Wasser oberhalb des Sees: Das Bild der Beschränkung.
So bestimmt der Edle Maß und Zahl
und erwägt, was Tugend und rechter Wandel ist.

Der See ist etwas Endliches, wohingegen Wasser unerschöpflich ist. Der See kann nur ein bestimmtes Maß des unendlichen Wassers fassen. Auch im Leben muß das Individuum seine Grenzen (Stärken und Schwächen) und die Einschränkungen, die sein Weg durchs Leben erfordert, kennen, sonst wird es von momentanen Gegebenheiten hierhin und dorthin getrieben und verläßt den vorgeschriebenen Weg. Wichtig ist aber auch, vorhandenes Potential nicht zu unterdrücken, sondern zu nutzen.

Die Linien

Anfangs eine Neun: Er geht nicht zu Tür und Hof hinaus.
Kein Fehler.

Fortschreiten ist jetzt nicht sinnvoll. Warten Sie lieber und treffen Sie im stillen Vorbereitungen, damit der Weg frei ist, wenn die Zeit zum Handeln gekommen ist.

Neun auf zweitem Platz: Er geht nicht zu Tür und Hof hinaus.
Unheil.

Wenn die Zeit zum Handeln gekommen ist, gilt es, rasch zuzugreifen. Im jetzigen Zeitpunkt zu zögern, würde bedeuten, daß

Sie die Gelegenheit unwiderbringlich verlieren oder sogar Unheil heraufbeschwören.

Sechs auf drittem Platz: Wer seine Beschränkung kennt,
wird Grund zum Klagen haben. Kein Tadel.

Jede Übertreibung hat jetzt harte Konsequenzen. Beschrieben wird eine Person, die zu Exzessen neigt: Entweder, weil sie hedonistisch veranlagt ist oder weil sie zur unangenehmen Eigenschaft der Arroganz neigt. Suchen Sie den Fehler bei sich selbst: Darin liegt die Bedeutung des freien Willens.

Sechs auf viertem Platz: Zufriedene Beschränkung. Erfolg.

Die Beschränkung muß etwas Natürliches sein. Dies kann sie aber nicht, wenn die Grenzen, die man sich selber oder die einem die Situation auferlegt, zu eng oder zu weit gesteckt sind. Wer in Einklang mit der Energie von Dsiё handelt, hat Erfolg und findet Anerkennung.

Neun auf fünftem Platz: Süße Beschränkung.
Fortschreiten bringt Achtung. Heil.

Wenn Sie Ihren eigenen Willen durchsetzen möchten, dürfen Sie anderen nicht Grenzen auferlegen, die Sie selber nicht akzeptieren würden (besonders, wenn Sie andere Menschen anführen). Wenn Sie der Situation angemessene Grenzen setzen können, ohne die anderen in ihrer Freiheit einzuschränken, können Sie große Leistungen vollbringen.

Oben eine Sechs: Bittere Beschränkung.
Beharrlichkeit bringt Unheil.
Reue schwindet.

Es hat keinen Sinn, jetzt auf Ihrem Standpunkt zu beharren. Wenn Sie anderen zu strenge Grenzen setzen, ernten Sie früher oder später Ressentiments. Wenn die Umstände jedoch eine Beschränkung erfordern, sollten Sie zunächst den Fehler bei sich suchen und korrigieren, dann sind Sie frei von Schuld und Tadel.

61
DSCHUNG FU Die Einsicht (die Wahrheit)

Dui, die jüngste Tochter (das Heitere) unter Sun, der ältesten Tochter (das Sanfte) läßt an eine gütige ältere Schwester denken, der die jüngere Schwester bereitwillig und fröhlich folgt. Das Starke wirkt mit Sanftheit und Nachgiebigkeit nach unten auf das Schwache, und schafft damit die Grundlage für gegenseitiges Vertrauen. Das Bild des Windes (Sun), der die Oberfläche des Sees (Dui) kräuselt, vermittelt die Vorstellung, daß das Unsichtbare sichtbar gemacht wird.

Das Urteil

Die Einsicht. Schweine und Fische. Heil.
Es ist förderlich, das große Wasser zu durchqueren.
Beharrlichkeit ist förderlich.

Auch die stursten und schwierigsten Menschen oder Umstände (symbolisiert durch die Schweine und Fische) sind dank der Kraft der inneren Wahrheit beeinflußbar. Diese beruht nicht bloß auf gemeinsamen Interessen, Sympathie, Mitgefühl oder esoterischen Banden, sondern auf dem Bewußtsein des göttlichen Geistes, der alle kulturellen Unterschiede und persönlichen Wertvorstellungen transzendiert und in allen Dingen und allen Menschen wohnt.

Das Bild

Wind über dem See: Das Bild der Einsicht.
So entscheidet der Edle vorsichtig in Streitsachen,
um Hinrichtungen zu vermeiden.

In der antiken chinesischen Rechtsprechung bemühte sich der Untersuchungsrichter, in das Innere der Menschen, die einen Fehler begangen hatten, einzudringen, um höchstes Verständnis zu erlangen und so eine unnötige Bestrafung zu vermeiden. Der Schwerpunkt lag somit auf dem Verständnis, das zu verzeihen vermag und alle sozialen, kulturellen oder anderen Schranken zwischen den Menschen überwindet.

Die Linien

Anfangs eine Neun:
Gedanken zur Vorbereitung sind förderlich.
Hintergedanken wirken beunruhigend.

Seien Sie offen und direkt und vermeiden Sie alles Unaufrichtige sowie leichtfertige oder selbstsüchtige Urteile. Gehen Sie keine geheime Verbindung mit Menschen ein, die Ihrer nicht würdig sind. Mit harter Arbeit gelangen Sie an Ihr Ziel.

Neun auf zweitem Platz: Ein rufender Kranich im Schilf.
Sein Junges antwortet.
Ich habe vorzügliche Nahrungsmittel. Ich will sie mit Dir teilen.

Die Wurzel aller Wirkung liegt im eigenen Inneren. Wenn das innere Wesen wahr und rein ist und sich in Tat und Wort äußert, ist die Wirkung groß und breitet sich aus wie die kleinen Wellen auf der Wasseroberfläche des Sees.

Sechs auf drittem Platz: Er trifft seinen Freund.
Bald trommelt er, bald hört er auf.
Bald klagt er, bald singt er.

Das Bild zeigt einen Menschen, der sich in starker Abhängigkeit von einem anderen befindet. Keine Ermahnung oder Bewertung wird ausgesprochen, doch handelt es sich um eine Zeit fortwährenden Schwankens zwischen Freud und Leid. Gewinn folgt auf Verlust, Verlust auf Gewinn.

Sechs auf viertem Platz: Der Mond ist beinahe voll.
Ein Karrengaul entkommt; einer geht gewissenhaft weiter.
Kein Fehler.

Wenn der Mond fast voll ist, beginnt er bald wieder abzunehmen. Im Bewußtsein der Tatsache, daß das Schicksal wechselhaft ist, ist es ratsam, bescheiden und demütig die innere Bedeutung Ihrer Situation zu erforschen. Das Bild beschreibt ein Pferd, das aus einem Gespann ausbricht und damit die Beziehung auflöst. Das andere kann nichts tun als auf seinem Weg weiterzugehen. Es könnte sein, daß Sie eine Trennung erleben.

Neun auf fünftem Platz:
Er besitzt einen Verstand, der alles umfaßt.
Kein Fehler.

Hier ist ein Mensch gezeichnet, der durch seine Klarheit und Nächstenliebe alles zusammenhält. Ohne diese zentrale Kraft würde jetzt Chaos und Zwietracht herrschen.

Oben eine Neun: Das Krähen des Hahns dringt zum Himmel.
Beharrlichkeit bringt Unheil.

Der krähende Hahn gleicht einer Person, deren Stärke darin besteht, andere von ihrer Anwesenheit und Tüchtigkeit zu überzeugen. Das erweist sich schließlich als verhängnisvoll. Für manche Menschen herrscht eine schwierige und komplizierte Zeit, doch wer im stillen wirkt und bescheiden bleibt, hat jetzt Erfolg.

62
SIAU GO Das Kleine im Übermaß

Da der Donner (Dschen) sich über dem Berg (Gen) befindet, ist die Stärke durch die Kraft von oben eingeschlossen. Das Starke bzw. die Tugend ist von schwachen Elementen umgeben, das heißt, es muß die Vertretung nach außen übernehmen. Es handelt sich um einen Menschen, der den Anforderungen der Situation nicht gewachsen ist und dem es an Aufrichtigkeit und Zielstrebigkeit mangelt.

Das Urteil

Das Kleine im Übermaß. Erfolg.
Kleine Dinge kann man jetzt vollbringen, nicht aber große.
Beharrlichkeit ist förderlich.
Wie der Singvogel.
Es ist nicht gut, nach oben zu streben.
Es ist gut, unten zu bleiben.
Großes Heil.

Die Bescheidenheit, die mit der Kenntnis der eigenen Grenzen einhergeht, ist eine Tugend, kann jedoch auch als Schwäche aufgefaßt werden, wenn sie nicht von Gewissenhaftigkeit begleitet ist. Versuchen Sie, die Forderungen der Zeit zu verstehen und erwarten Sie keine großen Erfolge. Da der Gesang des Vogels seinen Abstieg ankündigt, sollten Sie nicht große Taten zu vollbringen suchen.

Das Bild

Auf dem Berg rollt der Donner:
Das Bild des Kleinen im Übermaß.
So legt der Edle das Gewicht auf die Demut.
Bei Trauerfällen legt er das Gewicht auf die Trauer.
Bei seinen Ausgaben legt er das Gewicht auf die Sparsamkeit.

In den Bergen ist man dem Donner viel näher als in der Ebene, man hört ihn also viel besser. Wer sich in den Bergen aufhält, erkennt die Zeichen der Zeit und achtet auf die Form und die Sitte. Er verhält sich äußerst bescheiden, ja manchmal neigt er zu größerer Demut als nötig. Nur wer hinaufklettert, kann herunterfallen.

Die Linien

Anfangs eine Sechs: Der Vogel fliegt in großer Höhe.
Unheil.

Versuchen Sie nicht, die Ihnen gemäße Stellung und die Mittel, die Ihnen zustehen, zu übersteigen und nehmen Sie Ihre Pflich-

ten wahr, sonst folgt Unheil. Die Umstände scheinen gut zu sein, bergen jedoch die Möglichkeit eines Verlustes.
Sechs auf zweitem Platz:

Sie geht an ihrem Ahnherrn vorbei zu ihrer Ahnfrau.
Er geht am Herrscher vorbei zum Minister.
Kein Fehler.

Man weicht von der Regel ab und findet sich in einer Situation wieder, auf die man nicht vorbereitet war. Verfolgen Sie dennoch weiterhin Ihr Ziel und bemühen Sie sich, so gut es geht, vorwärtszukommen.

Neun auf drittem Platz: Wenn man sich nicht genau vorsieht, könnte jemand von hinten kommen und einen erschlagen.
Unheil.

Wer zu selbstbewußt, sorglos oder ganz einfach aufgrund einer Schwäche verletzlich ist, sollte sich vor verborgenen Gefahren hüten. Die Gefahr läßt sich zwar nicht ganz vermeiden, doch ist Vorsicht von entscheidender Bedeutung.

Neun auf viertem Platz: Er begegnet den Dingen mit Zurückhaltung.
Kein Fehler.
Fortschreiten bringt Gefahr.
Beharrlichkeit, aber mit Vorsicht.

Drängen Sie nicht vorwärts, sondern seien Sie vorsichtig, versöhnlich und zurückhaltend. Die gegenwärtigen Schwierigkeiten sind nur von vorübergehender Art.

Sechs auf fünftem Platz: Dichte Wolken im Westen, aber kein Regen.
Der Fürst schießt einen Pfeil in die Höhle und trifft seine Beute.

Sie haben die Stellung, die Sie anstreben, noch nicht erreicht. Um sie zu erlangen, kommt es nur auf wirkliche Leistungen und die richtigen Qualifikationen an. Außerdem müssen Sie sich die richtigen Gehilfen suchen, und auch hier auf ihren wirklichen Wert und nicht auf Berühmtheit oder Ruf achten.

Oben eine Sechs: Er geht an ihm vorbei, ohne ihn zu treffen.
Der Singvogel fliegt davon.
Das bedeutet Unglück und Schaden.

Im jetzigen Zeitpunkt ist es wichtig, im Kleinen haltzumachen und sich mit Details zu beschäftigen. Wenn Sie sich großen Projekten zuwenden, statt sich den kleinen Dingen zu widmen, in einer Glückssträhne übermütig werden und sie in unangemessener Weise zu Ihren Gunsten zu nutzen versuchen, erwartet Sie ein bitteres Ende. Nur diejenigen, die hart arbeiten und Bescheidenheit üben, haben jetzt Erfolg.

63 GI DSI Nach der Vollendung

In diesem Hexagramm sind die starken und schwachen Linien gleichmäßig verteilt. Mit dem Wasser (Kan, oben) über dem Feuer (Li) entsteht das Bild des Wassers, das über dem Feuer kocht. So ergeben sich zwei Aspekte: Einerseits ist dies eine Zeit des Erfolges, der Harmonie und der Vollendung; andererseits deutet das vollkommene Gleichgewicht darauf hin, daß Macht und Erfolg bald wieder schwinden, da jede Bewegung das Gleichgewicht wieder zerstören kann (vgl. auch das Bild des Vollmondes, der nachher abnimmt, oder der Mittagssonne, die wieder sinkt). Auf der Vorstellung dieses ständigen Wandels beruht das gesamte I Ging.

Das Urteil

Die Vollendung. Erfolg im Kleinen.
Beharrlichkeit ist förderlich.
Erst Heil, dann Chaos.

In dieser Zeit, da alles aufgrund höchster Energien gedeiht und gelingt, sollten Sie sich den kleineren Geschäften zuwenden und sich nicht vom Glück zu einer sorglosen und nachlässigen Haltung verleiten lassen. Wenn Sie wirklich verstehen können, daß auf jede Blüte der Niedergang, auf jeden Aufstieg der Abstieg folgt, müssen Sie nicht unbedingt leiden.

Das Bild

Das Wasser über dem Feuer: Das Bild des Zustandes nach der Vollendung.
So bedenkt der Edle das Wesen des Unglücks
und bereitet sich darauf vor.

Wasser und Feuer stehen in einer kreativen Spannung zueinander, was gute Resultate bewirkt, doch sind es eigentlich von Natur aus feindliche Kräfte, so daß das Gleichgewicht sehr heikel ist. Es ist ratsam, sich mit äußerster Sorgfalt weiter um das, was Sie erreicht haben, zu kümmern und zu sorgen, ohne Expansion zu betreiben. Was noch nicht abgeschlossen ist, sollte unverzüglich vollendet werden.

Die Linien

Anfangs eine Neun: Bremsen.
Der Fuchs macht seinen Schwanz naß. Kein Fehler.

Alles scheint nun auf Entwicklung und Vorwärtsdrängen ausgerichtet zu sein, doch müssen Sie sehr achtgeben und dürfen auf keinen Fall von Ihren Prinzipien abweichen, sonst erleiden Sie unheilvolle Konsequenzen. Wenn Sie Ihren Prinzipien treu bleiben und mit Unterscheidungsvermögen handeln (auch wenn das vielleicht sehr unüblich ist oder Sie sich dadurch unbeliebt machen), so überstehen Sie diese Zeit ohne wirklichen Schaden.

Sechs auf zweitem Platz: Sie verliert ihren Wagenvorhang.
Suche ihn nicht. Nach sieben Tagen wird er gefunden.

Das Bild bezieht sich auf die Tatsache, daß es gefährlich ist, sich vorzudrängen und unbescheiden zu sein. Tun Sie das nicht. Nach Vollendung dieses Zyklus kommt der richtige Zeitpunkt.

Neun auf drittem Platz: Der hohe Herrscher unterwarf die barbarischen Grenzgebiete und besiegte sie nach drei Jahren.
Gemeine darf man nicht verwenden.

Überprüfen Sie sorgfältig Ihre Situation und die Ihnen zur Verfügung stehenden Mittel und lassen Sie sich nicht dazu verleiten, unangebrachte und unkluge Ziele zu verfolgen, Hüten Sie sich vor zu großem Selbstbewußtsein und vor Nachlässigkeit und bleiben Sie beharrlich, dann können Sie trotz Schwierigkeiten und Konflikten Ihr Ziel erreichen. Allerdings wird es lange dauern.

Sechs auf viertem Platz: Er hat schöne Kleider, trägt jedoch Lumpen.
Er ist den ganzen Tag lang vorsichtig.

In einer erfolgreichen Sachlage lauern verborgene Gefahren. Mit Vorsicht können Sie den Status quo erhalten. Sie haben, was Sie brauchen, doch nicht mehr.

Neun auf fünftem Platz: Dem Nachbarn, der im Osten einen Ochsen schlachtet, wird weniger Glück zuteil als dem Nachbarn im Westen mit seinem kleinen Opfer.

Mit Bescheidenheit und Einfachheit kommen Sie in der jetzigen Situation weiter als mit äußerer Prachtenfaltung oder zur Schau gestellter Tugendhaftigkeit. Ebenso sollten Sie auf große spektakuläre Pläne verzichten und sich auf kleine Angelegenheiten konzentrieren.

Oben eine Sechs: Sein Kopf ist naß. Gefahr.

Jetzt dürfen Sie weder stehenbleiben und zurückschauen, noch in Selbstgefälligkeit verfallen, sondern müssen vorwärtsschreiten, sonst wird die Situation noch gefährlicher. Eine Sachlage, die stabil zu sein scheint, kann negative Aspekte enthalten, birgt jedoch auch eine günstige Gelegenheit.

64
WE DSI Vor der Vollendung

Li, die Flamme, über Kan, dem Wasser, symbolisiert die Sonne, die bei Tagesanbruch über dem Meer aufsteigt. Obwohl es sich hier um das letzte Hexagramm handelt, befinden sich die Linien nicht auf ihrem Platz. Die diesem Zeichen zugeordnete Jahreszeit ist der Frühling, also eine Zeit der Anstrengung und der Vorbereitung auf die Vollendung. Darin liegt eine große Hoffnung für die Zukunft. Eine fruchtbare Zeit für neue Projekte.

Das Urteil

Vor der Vollendung. Erfolg.
Wenn der kleine Fuchs mit dem Schwanz ins Wasser kommt,
wenn er das Wasser schon fast überquert hat,
ist das nicht förderlich.

Das Bild des kleinen Fuchses ist in China ein klassisches Bild. Wenn der Fuchs nicht vorsichtig übers Eis geht, kann er in letzter Minute ins Wasser fallen, und dann war die große Mühe umsonst. Auf Ihre Situation übertragen heißt das, daß sie eine Gefahr in sich birgt. Vielleicht haben Sie bis jetzt Glück gehabt und keinen Schaden erlitten, doch können Sie sich nur mit Gewissenhaftigkeit und Beharrlichkeit eine feste Position sichern. Dank einem gemeinsamen Ideal oder Ziel läßt sich vielleicht der Zusammenhalt schaffen, welcher der Situation im Moment fehlt.

Das Bild

Das Feuer über dem Wasser: Das Bild des Zustandes vor der Vollendung.
So unterscheidet der Edle die Dinge gemäß ihrem Wesen,
und ordnet jedem seinen Platz zu.

Das Feuer bewegt sich nach oben, das Wasser hingegen sickert nach unten. In der von We Dsi geschilderten Beziehung sind die beiden unvereinbar. Deshalb muß man zuerst die Sachlage realistisch einschätzen, damit man die Kräfte an der richtigen Stelle zum Einsatz bringen und erfolgreich wirken kann.

Die Linien

Anfangs eine Sechs:
Sein Schwanz wird naß.
Das ist beschämend.

In Zeiten der Unordnung läßt man sich dazu verleiten, möglichst rasch zu handeln, um klare Verhältnisse zu schaffen, doch führt das nur zu Beschämung, solange die Zeit zum Handeln nicht reif ist.

Sehen Sie davon ab, bis der Weg frei ist. Jetzt läßt sich nur schwerlich etwas Lohnenswertes erreichen.

Neun auf zweitem Platz: Er bremst.
Beharrlichkeit bringt Heil.

Vorläufig müssen Sie noch warten. Sammeln Sie Ihre Kräfte und bereiten Sie sich auf den Augenblick vor, da Sie vorwärtsschreiten können. Dann kommt der Erfolg auf ganz natürliche Weise und im richtigen Zeitpunkt. Ungewöhnliche oder grobe Methoden um vorwärtszukommen bringen jetzt Unannehmlichkeiten.

Sechs auf drittem Platz: Vor der Vollendung bringt Vorwärtsschreiten Unheil.
Es ist förderlich, das große Wasser zu durchqueren.

Die Zeit zum Handeln naht, doch hat man nicht die Kraft, das Unternehmen zu Ende zu führen. Fortfahren hätte unheilvolle Folgen. Ziehen Sie sich zurück, unterbrechen Sie Ihre Tätigkeit in bezug auf das Unternehmen und beginnen Sie mit etwas Neuem.

Neun auf viertem Platz: Beharrlichkeit ist förderlich.
Reue schwindet.
Er muß stark kämpfen, um die barbarischen Grenzgebiete zu bezwingen.
Er weiß, daß er innerhalb von drei Jahren eine große Belohnung erhält.

Nun ist die Zeit des Kämpfens und der Tat. Auch wenn es gefährlich ist, müssen Sie jetzt unbedingt handeln, sonst geht Ihnen diese Möglichkeit verloren. Eine Zeit des Erfolgs und Gewinns.

Sechs auf fünftem Platz: Beharrlichkeit bringt Heil.
Keine Reue.
Das Licht des Edlen leuchtet beständig.
Heil.

Sie haben Erfolg und alles hat sich zum Guten gewendet. Bleiben Sie tolerant und mitfühlend gegenüber Ihren Mitmenschen und suchen Sie die Ordnung innerhalb der Unordnung.

Oben eine Neun: Zur Feier trinkt er Wein.
Kein Fehler.
Wenn man seinen Kopf naßmacht, verliert man den Verstand.

Nun, da die Kämpfe vorüber sind und ein Zustand der Harmonie eingetreten ist, feiert man das neue Wohlbefinden, doch ist es wichtig, maßzuhalten und sich keinen Exzessen hinzugeben. Damit würde man das Gute, das man bereits vollbracht hat, zunichte machen.

ANHANG

Oberes ▶ Trigramm Unteres ▼ Trigramm	KIËN ☰	DSCHEN ☳	KAN ☵	GEN ☶	KUN ☷	SUN ☴	LI ☲	DUI ☱
KIËN ☰	1	34	5	26	11	9	14	43
DSCHEN ☳	25	51	3	27	24	42	21	17
KAN ☵	6	40	29	4	7	59	64	47
GEN ☶	33	62	39	52	15	53	56	31
KUN ☷	12	16	8	23	2	20	35	45
SUN ☴	44	32	48	18	46	57	50	28
LI ☲	13	55	63	22	36	37	30	49
DUI ☱	10	54	60	41	19	61	38	58

Schema zum Auffinden der Hexagramme

Symbol	*Eigenschaften*	*Jahreszeit*
Kiën *Himmel*	Yangkraft, stark, schöpferisch, hell, das Licht; der Vater	Spätherbst – Winteranfang
Kun *Erde*	Yinkraft, hingebend, empfangend, dunkel, antwortend; die Mutter	Spätsommer – Frühherbst
Dschen *Donner*	das Erregende, Aktive, der Schock, die Bewegung; der älteste Sohn	Frühling
Kan *Wasser*	die Tiefe, die Gefahr, das Abgründige, die List; der mittlere Sohn	Winter
Gen *Berg*	das Stillehalten, die Ruhe, das Unbewegte; der jüngste Sohn	Winterende – Frühlingsanfang
Sun *Wind, Holz*	das Nachgeben, das Eindringende, das Sanfte; die älteste Tochter	Frühlingsende – Frühsommer
Li *Feuer, Blitz, Sonne*	das Haftende, die Hitze, das Lebhafte, die Schönheit; die mittlere Tochter	Sommer
Dui *See*	das Heitere, die Freude, das Weiche, das Lachen; die jüngste Tochter	Herbst